Lisa-Marie Petersen

L(I)EBEN ALS INTROVERTIER
… in einer extrovertierten Welt

L(i)eben als **Introvertier**

in einer extrovertierten Welt

LISA-MARIE PETERSEN

Bibliografische Information der Deutschen Nationalbibliothek:
Die Deutsche Nationalbibliothek verzeichnet diese
Publikation in der Deutschen Nationalbibliografie; detaillierte
bibliografische Daten sind im Internet über dnb.dnb.de
abrufbar.

intro-coaching@gmx.de
Instagram: @ intro.ver.tier

Herstellung und Verlag: BoD – Books on Demand,
Norderstedt
Buchlayout: Lisa Stidl, Buchfein

ISBN: 9783759752215

„Ein Geheimnis des Lebens ist es, dich ins richtige Licht zu setzen. Für einige bedeutet es das Scheinwerferlicht des Broadway, für andere das Licht ihrer Schreibtischlampe.“

Susan Cain

Ein Buch für alle Menschen,

die emotionale Rucksäcke tragen.

Für alle Giraffen in Zebraherden.

Für alle, die den Stempel aufgedrückt bekamen

„komisch" „unfreundlich" oder „unzugänglich" zu sein.

Für alle, die ihre eigene Gesellschaft und Bücher lieben.

Für alle Tierliebhaber, Hundefans und Naturfreunde.

Und: für meine Familie.

Lange Zeit dachte ich, die Stadt wär meins,
so laut, gesellig und schick.

Lange Zeit dachte ich, dass ich langweilig sei,
uncool und zu kompliziert gestrickt.

Lange Zeit fragte ich mich, wer will diese Maschen
entwirren, in Tiefen tauchen,
dein kompliziertes Wesen bezirzen?

Lange Zeit spürte ich den Drang, zu erklären,
dass Bücher mich stärker als Fremde nähren,
dass Menschen mir auf Dauer Energie aussaugen,
zu viele Reize meinem Körper die letzte Kraft rauben,
damit mich andere mögen, hab ich versucht,
jemand anders zu sein, eben laut gesellig und schick,
die Erkenntnis, dass meine Persönlichkeit eine andere
war, kam spät, doch es machte dann *klick*.

Heute erkläre ich das alles nicht mehr,
lebe und liebe, weiß mich zu schätzen,
bin manchmal unsicher, doch brauche kein Heer.

INHALT

ZWEI KURZE ANMERKUNGEN VORWEG:

Bitte stört Euch nicht daran, dass ich nicht gegendert habe. Zwar verstehe und teile ich als modernes Introvertier das Bedürfnis danach, doch im Sinne der einfachen Lesbarkeit habe ich mich gegen Doppelpunkte und Sternchen entschieden.

Ebenso verwende ich die Bezeichnung extro- statt extravertiert, da sich diese im Alltagsgebrauch durchgesetzt hat, auch wenn der Duden die zweite Schreibweise empfiehlt. Bei den Begriffen introvertiert und extravertiert handelt es sich um Adjektivbildungen zum Begriffspaar Introversion und Extraversion, das vom Psychologen Carl Gustav Jung geprägt wurde.

Teil 1

Die Selbsterkenntnis

DIE ERSTEN SCHUPPEN FALLEN

Jetzt sitze ich hier nun und schreibe mein zweites Buch, von dem ich noch vor drei Tagen keine Ahnung hatte, dass ich es mal schreiben würde. Das erste ist noch nicht mal fertig, doch jetzt muss es dieser Text sein. Alles nimmt seinen Anfang an einem Ort, der gut für die Seele ist: I take you to the candyshop … Ne, Moment. Candy fürs Hirn: Wir sind in einem Buchladen.

Ich habe mir Bücher wie Bonbons aus den Regalen geholt, um von jedem eine Kostprobe zu nehmen. Wie so oft sind alle Lesesessel besetzt, weshalb ich auf ein Regal zusteuere und auf einem der Holzbretter platznehme. Dabei fällt mein Handy mit einem Scheppern auf den Boden. So ist das, wenn man wieder zehn Bücher mitschleppt und nebenbei Nachrichten tippt. Eine Verkäuferin mustert mich, sagt aber nichts. Kaum habe ich mich niedergelassen, setzt sich eine Frau zu mir, die nicht weniger Lesestoff in den Armen balanciert. Das ist wie beim Falschparken: Sobald du dich traust, dein Auto an verbotener Stelle abzustellen, gesellen sich ratzfatz fünf andere dazu.

„Ganz gut hier, was?", murmle ich der Frau zu. Sie nickt. Wir grinsen.

Zuerst stöbere ich durch eine Churchill-Biografie. Zitat: „Wir sind doch alle Würmer. Aber ich glaube, ich bin ein Glühwurm!" Was für ein bescheidener Herr, denke ich grinsend und fotografiere das Zitat ab. Schnell werfe ich einen Blick aufs Handy, öffne Instagram. Mein digital verseuchtes Ich schreit schon wieder nach Ablenkung.

Mein Blick fällt auf einen Post der Bloggerin „hellopippa", der mich innehalten lässt: „Als Introvertierter wirkt man schnell langweilig, unfreundlich und schüchtern (…). Ich bin nicht unfreundlich, absolut nicht (…), nur meistens habe ich keine Lust, mit Fremden, die ich nie wiedersehen werde, übers Wetter zu reden. Ich bin nicht langweilig, aber ich ziehe eben Quality-Time mit Herzmenschen in kleiner Runde jeder Party vor (…)."

Klingt so, als hätte ich das geschrieben, denke ich und erinnere mich an meinen gestrigen Freitagabend. Es war himmlisch – keine Pläne oder Verpflichtungen, einfach Zeit mit Buch und Hund. So sieht für mich der ideale Start ins Wochenende aus. „Bist du 55 oder 35?", höre ich meine Freundinnen scherzen. Ja, manchmal fällt es mir schwer zuzugeben, wie langweilig mein Traum-Freitag aussieht.

Ich nehme mein Handy, öffne Google und suche: „Introvertiert Buch". Ganz oben erscheint der Titel „Still" von

Susan Cain. Kurzer Leser-Check: gute Bewertungen. Das Buch wird als „superinteressant" angepriesen. Ich stehe auf und stecke Churchill in sein Regal zurück. Heute nicht, glühender Staatsmann. Stattdessen frage ich die Verkäuferin nach dem Titel „Still". Sie sieht mich aufmerksam an, führt mich in eine Abteilung und deutet auf das entsprechende Regal. Ich finde das Buch, sage „Danke" und kaufe es.

Beim Nach-Hause-Laufen merke ich, wie voll die Stadt ist. Wie auf riesigen Ameisenstraßen pilgern die Menschenmassen in die Geschäfte. Wie immer wird man an jeder Ecke angequatscht, soll von irgendetwas überzeugt werden. All diese Menschen, die Lautstärke und der allgemeine Trubel - es ist mir zu viel und ich lege einen Zahn zu. Zu Hause merke ich, dass ich sofort Lust habe, auf dem Sofa zu verschwinden und zu lesen.

Drei Stunden vergehen. Ich tauche in eine fremde Welt ab, die sich nach zu Hause anfühlt. Das ist unheimlich. Ich bin fasziniert.
  Wie ist es möglich, dass die Autorin detailreich eine Person beschreibt, die ich glaube ähnlich gut zu kennen, wie meine linke Westentasche?

Zwar bin ich nicht „Still" und doch finde ich mich auf jeder Seite wieder.

Für diese Erkenntnis, dass neben meiner Hündin Fari auch noch ein *Introvertier* in mir wohnt, habe ich also 33

Lebensjahre, Instagram und ein Buch gebraucht, für das ich 9,99 Euro bezahlt habe.

Wahnsinn.

„Nicht durch unsere Entdeckungen, sondern durch unsere Ahnungslosigkeit bewegen wir uns sicher durchs Leben.“

Jean Giardoux

KENNENLERNEN EINES SANFTEN WEGBEGLEITERS

O. k., Jean Giardoux. Ich kannte dich bis eben nicht, aber das Zitat gefällt mir und es passt zu der Unsicherheit, die mich seit Samstag verfolgt wie ein kleiner Straßenhund mit Magenknurren. Macht nichts, dass wir uns nicht kennen, denn bis gestern kannte ich mich anscheinend selbst nicht. Ich wäre nie darauf gekommen, dass mich zeit meines Lebens ein Introvertier begleitet.

Sind das nicht schüchterne Einzelgänger oder stumme Mauseloch-Sucher?

Öhm. Nö.

Anschluss zu finden war in der Schule nie mein Problem. Ich konnte super am Klettergerüst turnen, war fantasievoll und allgemein ein lustiger Vogel. Auch heute bin ich weder schüchtern noch auf den Mund gefallen. Als „Still" würde ich mich nicht bezeichnen. Vielleicht ist das Party-Animal in mir etwas eingeschlafen, doch das schob ich eher auf die 33 und meinen Arbeitstrott.

Nun ist es aber vorbei mit der Ahnungslosigkeit. Inzwischen habe ich 300 Seiten gelesen und mir sehr viele Dinge in ein kleines Notizbuch geschrieben. Die Autorin Susan Cain erfindet da nicht irgendwelches Zeug über

Persönlichkeitstypen. Sie stützt sich auf etliche wissenschaftliche Studien, die bedeutende Psychologen in den letzten Jahrhunderten durchgeführt haben. Das sind Langzeitbeobachtungen von Säuglingen, Studien, in denen Gehirne von Extrovertierten und Introvertier(t)en verglichen und mittels Bildgebung untersucht werden, das sind Untersuchungen mit Tieren, die ja bekanntlich selten „so tun als ob". Zwar hat das Buch schon ein paar Jahre auf dem Buckel, aber das ändert ja nichts an den wissenschaftlichen Erkenntnissen.

Mein Kopf raucht. Die Gedanken finden keine Ruhe. Weitere Schuppen fallen. Ich muss jemandem von meinen Erkenntnissen erzählen – erst einer Freundin, dann meinem Freund. Sie sind interessiert und amüsieren sich, kennen das aber schon von mir. Dass mich Bücher so packen und faszinieren, dass ich plötzlich zu erzählen beginne wie ein Wasserfall. Auch das ist typisch introvertiert: Die Themen, für die sie sich begeistern, machen aus Introvertier(t) en begeisterte Erzähler.

Wir machen einen Onlinepersönlichkeitstest und stellen fest, dass meine Freundin extrovertiert und mein Freund ebenfalls introvertiert ist. Klar, diese Onlinetests basieren auf Algorithmen und damit ihre Grenzen. „Denen schenkst du Glauben?", werden einige fragen. Vor meinem inneren Auge erscheint wieder der strenge Blick der Verkäuferin, neben ihr mein alter Chemieprofessor aus dem Medizinstudium.

Haben sie mir gerade das kleine Wort „Naivchen" zugeraunt?

Trotzdem: Die Beschreibungen unserer Charaktere sind uns unheimlich. Sie passen einfach.

Aufgewühlt gehe ich nach Hause und nehme die Aufregung mit ins Bett. Das Gefühl, dass sich in den ersten fünf Monaten dieses Jahres gefühlt nichts und in den letzten sechs Wochen echt viel in meinem Leben verändert, arbeitet gegen meinen Schlaf.

Um halb sechs wälze ich mich aus den Laken und stehe auf. Gerädert. Zum Glück, so habe ich gelesen, kommen Introvertier(t)e mit weniger Schlaf besser aus als Extrovertierte.

Ich strecke und recke mich, koche einen Kaffee und lese weiter. Um acht muss ich aufhören, der Hund will raus. Fari wirft mir verschwörerische Blicke zu: „Wie lange willst du noch trödeln? Ich muss raus!" Ihre blauen Huskyaugen blitzen. Wenn sie wüsste, dass hier jetzt zwei Tiere wohnen … Sobald ich meinen großen Zeh bewege, springt sie auf, dann Hunde-Stretch.

Wir laufen um den Block und ich blicke wie eine dritte Person auf mein neues Ich herab. Auf dieses Introvertier in mir. Schuppen fallen. Wieder dieser Drang, jemandem von dem Buch zu erzählen. Um neun habe ich einen Brief an meine Ma geschrieben und in den Briefkasten geworfen. Was sie wohl als Frau vom Fach (Psychologin!) zu meinen neuen Erkenntnissen sagen wird?

Nun aber ran an die Arbeit. Fokus! Das können Introvertier(t)e doch so gut. Zwischendurch blicke ich immer wieder aufs Handy, google und stecke die Nase ins Buch. Ich lese von Einstein, Gandhi und den introvertierten Chinesen und Japanern, die so gern mit sensiblen, stillen Menschen befreundet sind. Sie sind mir sympathisch, auch wenn mir dieses „Alles der Gruppe unterordnen"-Ding der Asiaten fremd ist. Im Westen strebt man ja eher nach persönlicher Selbstverwirklichung – so auch ich.

Die Liste der Bücher, die ich gern lesen würde, wird immer länger. Ich google „Secondhand-Bibliothek Hannover" und simse meinem reiselustigen und geschichtsinteressierten Papa. „Hast Du ein Buch über Japan oder ´ne Biografie von Einstein?" „Nee, warum?", kommt zurück. „Bin im Lesefieber", schreibe ich.

Papa rät mir, das Internet zu befragen.

Feierabend, Zeit, den Hund zu lüften. Wir genießen die Nachmittagssonne und gehen unserer Lieblingsbeschäftigung nach: Leute beobachten.

Wieder zu Hause presse ich eine Zitrone aus und tröpfle mir den Saft auf die Zunge. Selbsttest! Werde ich zu speicheln anfangen wie der introvertierte Professor Brian Little? Eigentlich weiß ich es schon vorher.

Ergebnis: positiv.

Ich erzähle meinem Freund, der in einem lärmenden Biergarten in Freiburg sitzt, vom Zitronensafttest. Den habe ich im Internet gefunden und er ist natürlich eine Spielerei und Quatsch, aber trotzdem spannend! Langsam hat er, glaube ich, genug von meinem Persönlichkeitsgelaber. Das mit dem Speichel und dem Zusammenhang mit der Introversion findet er Hokuspokus, das höre ich an seiner skeptischen Stimme. Aber, aber, aber …! Es gilt wohl, sich zu zügeln. Hoffentlich kann ich schlafen.

„Gesegnet sind die, die die Einsamkeit nicht fürchten, die keine Angst vor der eigenen Gesellschaft haben, die nicht immer verzweifelt danach suchen, etwas zu tun, etwas, um sich zu amüsieren oder um über etwas zu urteilen."

Paulo Coelho

Der Zitronensafttest:

Bist Du introvertiert oder eher extrovertiert?

Man nehme:

- ein Q-Tip
- eine Zitrone und
- einen Bindfaden.

Lege das eine Ende des Wattestäbchens für 20 Sekunden auf deine Zunge.

Nimm dann einen Schluck Zitronensaft (schwenken und schlucken).

Lege die andere Seite des Wattestäbchens nun wiederum 20 Sekunden auf die Zunge.

Binde die Mitte des Q-Tips an einen Faden, halte den Faden hoch und schau, ob das Ende aus Watte zu einer Seite tendiert. Hast du als Reaktion auf die Zitrone ordentlich Speichel produziert, wird diese Seite des Wattestäbchens schwerer sein.

Du bist ein Introvertier!

GESTATTEN: DAS INTROVERTIER

Das mit dem Introvertier ist mir auch deswegen sympathisch, weil ich Tierärztin bin. Allerdings arbeite ich nicht klassisch in einer Praxis, sondern als Redakteurin in einem Fachverlag. Dass das alles ziemlich gut zusammenpasst, werdet ihr im Verlauf des Buches sehen. Doch zurück zum Introvertier. Lasst uns mal einen Blick in seinen Steckbrief werfen:

Das Introvertier ist eine zurückhaltende, eher ruhige Spezies und gar nicht mal so selten! Als Teilzeit-Einzelgänger liebt es die selbst gewählte Einsamkeit. Zu viel Trubel, das Gefühl, im Fokus der Aufmerksamkeit zu stehen bzw. überrumpelt zu werden, gehören nicht zu seinen Favorites. Im Alltag benötigt es Ruhezeiten allein, um seine Energiereserven wieder aufzutanken. Besteht diese Möglichkeit nicht, kann es dünnhäutig reagieren – also Vorsicht.

Das Introvertier tummelt sich eher in der Natur und auf dem Sofa als auf wilden Partys oder auf Networking-Events. Kleine Gruppen vertrauter Menschen zieht es großen Herden vor. Eine Annäherung durch Fremde kann schwierig sein – denn Smalltalk gehört nicht zu seinen Stärken. Manch Extrovertierter stempelte es schon als abweisend, scheu oder arrogant ab.

Was stimmt: Das Introvertier braucht Vertrauen, um sich zu öffnen. Im Umgang sind mitunter Geduld und Feingefühl gefragt – gerade wenn es schüchtern ist (was nicht sein muss!). Wenn sein Gegenüber jedoch die richtigen Themen findet, kann das Introvertier aufblühen und lebhaft erzählen. Wer das dosiert gesellige Wesen für sich gewinnt, hat einen treuen, loyalen Wegbegleiter mit feinen Antennen für zwischenmenschliche Beziehungen an seiner Seite.

• • • •

Vorkommen und Verbreitung: Weltweit.

Häufigkeit: 30–50 Prozent der Bevölkerung.

Hauptmerkmal:
- dosiert gesellig
- benötigt das Alleinsein zum Auftanken von Energiereserven

Typische Verhaltensmerkmale:
- neugierig, aber zurückhaltend
- nachdenklich/überlegt
- konfliktscheu, sensibel (mitunter)
- schüchtern (manchmal)

Hobbys:
- Schreiben
- Lesen

- Wandern
- Menschen beobachten,
- Zeit in der Natur und mit Tieren verbringen
- Social Media
- Werkeln/Tüfteln

Stärken:

- Bescheidenheit
- gute Beobachtungsgabe
- Sprachtalent
- Ideenreichtum, Kreativität
- Disziplin, Beharrlichkeit
- Wissbegierde
- Empathie
- Naturverbundenheit
- Fähigkeit, die eigene Gesellschaft auszuhalten.

Schwächen:

- Zu viel Disziplin
- Ungeduld
- Unfreundlichkeit bei Überreiztheit
- Telefonphobie
- Redehemmung
- Neigung zu Ängsten
- mitunter schwer zugänglich
- konfliktscheu

Wohlfühlorte:

- der Wald
- die Berge
- Leseecken in Buchläden
- das heimische Sofa und die Sofas der Liebsten

Unwohl fühlt es sich:

- in ungewohnten schwer kontrollierbaren Situationen
- bei zu viel Trubel ohne Rückzugsmöglichkeit
- im Mittelpunkt stehend
- in den Fängen der Beurteilungskrake

Geht gar nicht ohne:

- Familie
- enger Freundeskreis
- Tiere
- Regenerationsnischen

Ein perfekter Freitagabend:

- Sofa
- Buch
- Film
- ein gutes Essen

± Hund/Freund/bester Kumpel

Das perfekte Wochenende:

Findet in der Natur statt, spendet Ruhe und beinhaltet tolle Gespräche.

Tierärztlicher Rat:

Alles im grünen Bereich. Das Introvertier ist gesund, neugierig und lebensfroh. Es braucht keine Sonderbehandlung und auch keine andere Persönlichkeit, nur ein bisschen Verständnis und regelmäßige Ruhezeiten.

Dos:

Versuche, das Introvertier ruhig mal aus der Reserve zu locken – mit Feingefühl. Schenke ihm Zeit und Aufmerksamkeit. Verüble ihm nicht, wenn es sich mal tollt und ein paar Stunden allein braucht. Kraule es gern ausgiebig (wenn ihr euch nahesteht, versteht sich) und nimm es mit in die Natur. Mit einem guten Essen oder einer tollen Buchempfehlung kannst du sicher ebenfalls punkten.

Don´ts:

Bitte nutze die Stärke des Introvertiers zum Zuhören nicht für ellenlange Monologe, sondern frag auch mal nach, wie es ihm geht. Hat es Vertrauen zu Dir, kannst Du ihm so vielleicht ein paar Emotionen entlocken. Überrasche es nicht mit einer Party oder einem unangekündigten Besuch. Schleife es nicht aufs Oktoberfest. Geht lieber auf ein Konzert, ein bisschen tanzen.

· · · · ·

Noch immer trifft mich die Selbsterkenntnis wie ein Schlag. Dass es für mein Verhalten Erklärungen gibt: Zum Beispiel dafür, dass ich selten Lust habe, mit Fremden zu quatschen. Für mein regelmäßiges Verlangen, allein sein zu wollen. Dass die Hunderunde im Wald als persönliche Akkuladezeit funktioniert. Und auch für meinen Drang, Partys ab einem bestimmten Zeitpunkt zu verlassen. Kennt ihr?

Es ist o. k., so zu sein. Es gibt viele andere Menschen, die ähnlich ticken.

Trotzdem: Für mich ist es ein Aha-Moment, der – hätte ich ihn früher gehabt – mein Leben sicher leichter gemacht hätte.

Mein Kopf ist dauerbeschäftigt und ich schmiere Gedanken auf einen Zettel. Morgen will ich mir ein weiteres Notizbuch kaufen. All das, was da jetzt wie wild durcheinanderwirbelt, muss irgendwo niedergeschrieben werden. „Introvertierte sind häufig gute Schreiber. Es fällt ihnen leichter, als zu reden. Sie drücken außerdem ihre Gefühle am liebsten schriftlich aus", sagt Susan Cain. Auch das passt zu 100 %. Habe ich nicht vor ein paar Wochen meinem Freund einen Brief geschrieben, weil so vieles, was ich sagen wollte, einfach nicht über meine Lippen kam?

Als Kind trieb es Mama häufig zur Verzweiflung, wenn ich plötzlich verstummte. Der Klassiker: Klein-Lisa beim alljährlichen Kauf von Winterschuhen. Die Verkäuferin gab alles: „Passt dir das Paar, gefällt es dir?" Stoisches Schweigen. Mama: „Lieschen?" Ich: stummer als ein Fischstäbchen mit Panade.

Aus Verzweiflung kaufte Mama dann Kinderschühchen, die viel zu klein waren. Auf der Autobahn schmiss ich sie heimlich aus dem Fenster.

Das Leben mit Introvertierchen scheint heiter zu sein. Doch zurück zum vollen Kopf.

Ich versuche, mal von vorne anzufangen.

MEINE ERSTE GROßE LIEBE: SASKIA

Schon als Introvertierchen habe ich vor allem eines geliebt: Tiere und Bücher.

Meine erste große Liebe war, wen wunderts, kein Spargeltarzan aus dem Kindergarten, sondern die Bobtail-Hündin Saskia. Kennt ihr die Rasse? Sieht aus wie ein Hund im Kuhkostüm, schwarz-weiß gefleckt. (Googelt mal!)

Meine größte Freude war es, Saskia an der Leine um die Häuser zu zerren. Sie war ein Schatz. Geduldig, stets freundlich und nie um ein Wedeln verlegen. Das Einzige, was sie aus der Ruhe brachte, waren Fotoapparate. Ihre blauen Augen mit den lustigen Fransen scheuten das Blitzlichtgewitter. Fotos und zu viel Aufmerksamkeit machten sie nervös (– vielleicht ein introvertierter Hund?).

Nie konnte ich verstehen, wenn Katrin, der Saskia gehörte, meine beste Freundin auch mal von der Leine lassen wollte – verband sie doch mich und das Tier auf so wunderbare Weise. Wenn ich mit Fari heute um die Häuser streiche (eine Leine benutze ich nie), denke ich oft daran zurück und bin etwas reumütig. „Der arme Hund! Hätte ich ihr doch mehr Freiräume gelassen!"– *Sorry, Saskia!*

Apropos Tiere: Nicht nur Saskia war mir eine wunderbare Freundin, auch die Schnecken im Putzeimer, welche ich mit Vorliebe sammelte: Mama verdreht die Augen, wenn ich ihnen aufwendige Häuser baute. Nicht nur waren die Eimer immer voller Erde, Äste und Blätter, ebenso büxten die Schnecken regelmäßig aus, wenn ich die lahmen Damen aus den Augen ließ. Die Schleimspuren in der Wohnung durften meine Eltern dann mit schlammigen Putzlappen bekämpfen. – *Sorry, Mama!*

Ein weiteres Hobby war es, Kaulquappen aus dem Tümpel unseres Ferienhauses in der Lüneburger Heide zu fischen. Ich lag bäuchlings im Garten und beobachtete die zuckenden Bewegungen der kleinen Larven stundenlang. Mich von ihnen zu trennen, fiel mir schwer und so beschloss ich, ein paar Stadtfrösche in Berlin großzuziehen. Wie heute erinnere ich noch das Trauma, als sie den Transport in die Hauptstadt zwar überlebten, im sauberen Wasser außerhalb ihres Teiches aber eingingen. – *Sorry, Kaulquappen!*

Neben den Tieren liebte ich Bücher und war neidisch, dass meine sechs Jahre ältere Schwester früher lesen konnte als ich. Oft schnappte ich mir ein Buch, setzte mich neben sie und dachte mir Geschichten aus. Nichts hätte mich verraten, wenn ich das Buch nur richtig herum gehalten hätte!

Das Lesen lernte ich dann sofort und früh. In der Schule war ich das klassische Mädchen: sprachbegabt, aber 'ne Niete in Mathe. Meine Schrift war eine Katastrophe. Und ständig verlor oder vergaß ich irgendetwas.

Die Grundschuljahre waren heiter. Alles fand draußen statt, wir kicherten über Helens großen Busen, waren scheiße angezogen und interessierten uns nicht für Jungs oder dafür, welchen Eindruck wir auf andere machten. In der Theater-AG spielten wir das Stück „Tom Sawyer und Huckleberry Finn". Ich war ein Kerl, Toms Streberbruder, mit fetter Hornbrille, der ständig lernte (haha!).

Ich hatte nie Probleme damit, Anschluss zu finden. Zum Tuscheln und für das Knüpfen von Freundschaftsbändern fand ich stets Kumpaninnen.

Was mich anstrengte, war die einnehmende Art vieler Mädchen. „Du gibst mir das Gefühl, dass ich mehr Interesse an dir habe als du an mir", sagte eine Freundin wieder und wieder. „Das ist ja komplizierter als in einer Beziehung!", dachte ich (auf mein Expertenwissen aus 0 Beziehungen zurückgreifend). Es machte mir zu schaffen und doch konnte ich nicht raus aus meiner Haut, die sich nach regelmäßiger Alleinzeit sehnte. Die Forderungen meiner Freundinnen nach ständigem Zusammensein erdrückten mich.

Auch Gruppenurlaube, wie Touren mit dem Hausboot oder Campingaufenthalte waren nicht mein Ding. Zu eng! Zu wenig Frei- und Rückzugsräume! Vorher war mir oft richtig übel und sobald wir anlegten, floh ich in die Natur. Manchmal erfand ich Notlügen: Ich tat so, als sei ich müde, um etwas Zeit allein verbringen zu können. Zugegebenermaßen schummle ich bis heute, um ab und zu ein bisschen Ruhe zu genießen.

„Introvertierte Menschen sind durchaus sozial,
sie können die Gesellschaft jedoch nur dosiert
genießen. Zwischendurch brauchen sie Ruhe,
um die sozialen Akkus wieder aufzuladen.“

IM GEFÄNGNIS DER MAGERSUCHT

„Pubertät ist, wenn man grübelt, und nicht weiß, worüber."

Klaus Klages

Nach der Grundschule wurde es schwieriger für mich. Das Leben fühlte sich weniger unbeschwert an, je mehr der Fokus auf dem Äußeren und unserer Leistung lag. Zu Hause gab es immer mehr Streit: Zwischen meinen Eltern flogen die Fetzen. Mein Papa war durch seinen Job viel auf Reisen, ich vermisste ihn.

Als Teenie fühlte sich das Leben so an, wie der Ritt auf einem wildgewordenen Pferd. Ich beobachtete meine Eltern und fühlte mich, als ob ich jegliche Kontrolle über die Zügel verloren hatte und unbeherrscht durch unvertraute Weiten galoppierte. Es dämmerte mir, dass die Zukunft unserer Familie nicht in meiner Hand liegen würde. Dass ich es nicht kontrollieren konnte, was passiert. Würde es eine Trennung geben?

Also begann ich, mein Essen zu kontrollieren.

Auf einer Vater-Tochter-Reise durch Kalifornien ging es los. Ich erinnere mich, als ob es gestern gewesen wäre, wie ich am ersten Tag das Frühstück noch genoss. Es gab Birchermüsli, das köstlich schmeckte. In den Folgetagen ließ ich das erste Mal das Mittagessen ausfallen, schob es auf die Hitze. Zu Abend dann auch nur ein paar Happen. Das erregte Papas Aufmerksamkeit, was mir gefiel. Als wir wieder in Berlin ankamen, war meine Mutter direkt alarmiert. Was ist denn mit Lisa los? Kommt ihr nicht grade aus dem Fast-Food-Heaven Amerika? Nach drei Wochen im Land der XL-Menüs war ich nur noch ein Strich in der Landschaft.

Wie es bei Magersüchtigen so ist, wurde ich Künstlerin darin, andere zu überzeugen, dass alles gut sei, obwohl ich kaum aß. Ich tat so, als ob ich die Kontrolle hätte und über lange Zeit glaubte ich es auch. Ich log wie gedruckt, spielte meine Rolle. Meinen Eltern rann ich wie Sand zwischen den Fingern hindurch. Die Sucht war eine eiserne Kralle, die mich fest umklammert hielt und mein Verhalten steuerte. Mein Alltag hatte nichts mit dem Gleichaltriger gemein. Alles drehte sich darum, nicht zu essen, aber so zu tun als ob.

Für die vielen Lügen und all die riesigen Sorgen meiner Familie schäme mich noch heute.

Mit 13 war ich so dünn, dass meine Eltern mich in eine Klinik für Essgestörte einwiesen. Station 31 für Psychosomatik in Berlin Wedding. Das gesamte achte Schuljahr verbrachte ich dort, obwohl ich zu Beginn glaubte, sofort wieder gehen zu dürfen. Stattdessen wurde ich in einen

Rollstuhl gesetzt und musste fünf Mahlzeiten hinter mich bringen, danach ruhen. Anders als die anderen Magersüchtigen ekelte ich mich nicht vor dem Essen und zeigte mich über längere Strecken relativ kooperativ. Ich machte auch nicht heimlich Sport oder ging anderen Zwängen nach, wie so viele in der Klinik.

Trotzdem bearbeitete ich meine Eltern und Ärzte die ganze Zeit: Entlasst mich mit 42, statt 45 Kilogramm! Das war mein wichtigstes Ziel. Und was ich wollte, bekam ich auch.

Es dauerte lange, bis ich mich stabilisiert hatte. Erst mit 17 ging es mir deutlich besser. Ich verbrachte drei Monate in Australien und besuchte eine Highschool. Richtig Anschluss fand ich dort nicht – vielleicht weil ich eher schwer zugänglich und am liebsten allein unterwegs war? Meine Eltern lebten inzwischen getrennt, es gab weniger Streit. Die Ruhe tat mir gut. Zurück in Berlin wechselte ich die Schule und floh damit vor dem Bild, das in allen Köpfen steckte. Wie hatte ich es satt, immer „die Kranke" zu sein.

In Berlin-Friedenau begann ein neues Kapitel. Ich witterte die Chance, alte Stempel abzuschütteln und neu anzufangen, als weißes Blatt quasi. Gern wollte ich es durch meine Mitschüler bunt bemalen lassen, mich neu erfinden. Gleich am ersten Tag lernte ich Tim kennen – einen von den coolen Jungs. Er musterte mich neugierig und ohne Scheu. „Komm, ich nehme dich mit, hab auch Englisch Leistungskurs", sagte er.

Ich sehe ihn noch genau vor mir in seinem gelbgrünen T-Shirt und seiner prolligen Kette. Wie sich herausstellte, hatten wir fast jeden Kurs zusammen. Englisch und Erdkunde Leistungskurs – die Kombi für alle, denen nichts Besseres einfällt.

Tim wurde mein erster Freund.

Der Schulwechsel und meine erste große Liebe waren heilsam und machten mich glücklich. Lisa, die Neue, und Tim, der Laute, ein Alphatier, zu dem alle aufblickten.

Meine Magersucht war besiegt und keiner merkte mehr etwas davon.

„Für viele Introvertierte ist die Jugend der Stolperstein, ein verschlungenes Dickicht von geringem Selbstwert und sozialem Unwohlsein."

Susan Cain

DAS INTROVERTIERCHEN

Wenn ich Studien betrachte, die mit Introvertierchen (= introvertierten Kindern) durchgeführt wurden, bin ich dankbar, dass meine Eltern ihrem Streit ein Ende bereitet und heute so einen guten Patchwork-Weg gefunden haben. Mehr Ruhe und Harmonie sowie ein stabiles zuhause taten meinem Introvertierchen gut. Ebenso wird mir klar, warum ich als Kind auf meinen Geburtstagspartys jedes Mal geheult habe: Eine Horde Kinder, heitere Spiele, die Schlacht um den Erdbeerkuchen und meine gerissene Freundin Marie, die mir die beste Verkleidung wegschnappte: Das waren wohl zu viele Stimuli und mein kleines Hirn emotional erschöpft.

Susan Cain beschreibt in „Still" was typisch für introvertierte Kinder ist:

- Introversion ist zu großen Teilen angeboren.
- Introvertierchen sind nicht unbedingt schüchtern, aber häufig vorsichtig.
- Introvertierte Kinder profitieren von Stabilität, Aufmerksamkeit und Zuspruch.
- Sie brauchen Ruhezeiten und Regenerationszeiten, um ihre sozialen Akkus wieder aufzuladen.
- Sie fühlen sich schnell überfordert und neigen zu Schuldgefühlen.

In Jürgen Neffes Biografie von Albert Einstein schreibt Albert über seine Kindheit: *„Alles, was ich als junger Mensch vom Leben wünschte und erwartete war, ruhig in einer Ecke zu sitzen und meine Arbeit zu tun, ohne von den Menschen beachtet zu werden."* Er hatte Glück: „Seine Eltern ließen ihn gewähren und träumen. (…) Laut Psychologen genau das Richtige: „Das gebe Kindern die Gelegenheit, sich auf geruhsame Art der eigenen Neugier folgend, intensiv mit ihrer eigenen Welt vertraut zu machen. Auf diese Weise sammeln sie Kreativitätskapital für ihr ganzes Leben."

Teil 2

Wie Introvertier(t)e
l(i)eben und arbeiten

„Beim Leben und beim Lieben, sollt man sich nicht verbiegen.“

STATIONEN DES LEBENS

„Das Leben wird vorwärts gelebt und rückwärts verstanden.“

Sören Kierkegaard

Nach der Schule hatte ich nie wieder das Glück, Familie, Liebe und Arbeit an einem Ort zu vereinen. Stattdessen stiegen mein Introvertier und ich in die Achterbahn des Lebens und rauschten los zu zahlreichen Stationen mit Berg- und Talfahrten. Nach dem behüteten Hotel Mama kamen WGs, Zwischenmieten, Sofas, Einbettzimmer, Einzimmerwohnungen, dann größere Bleiben. Von Groß- über Mittel- bis Kleinstadt war alles dabei und wir ließen keine Himmelsrichtung aus.

Zunächst zog ich fürs Tiermedizinstudium nach Budapest. Das erste WG-Zimmer gleich in einer fremden Stadt zu beziehen, fühlte sich ein bisschen nach Erwachsenwerden auf der Überholspur an. Unser Vermieter war ein italienischer Gauner, der viel Geld für wenig Komfort verlangte und sich nie blicken ließ, während unsere Möbel nach für nach auseinanderfielen. Meine Mitbewohner waren zwei eitle Jungs, die rund um die Uhr Frauenbesuch hatten oder sich stundenlang für irgendwelche Dates die Haare stylten. Das nervte ordentlich, da mein

Zimmer nur durchs Bad erreichbar und ich eingesperrt war, wenn die eitlen Herren ihrer Beautyroutine frönten. Im zweiten Semester zog ich um und wohnte fortan mit mehreren Portugiesen zusammen, die ihre Energie nicht in Frauen, sondern ins Kochen steckten. Viel miteinander zu tun hatten wir nicht, da ich ständig pauken musste und eh gern allein war.

Nach drei Semestern in Budapest ging es zurück nach Berlin. Das Studium ließ kaum Zeit für Schlaf: Mein Alltag bestand darin, Skripte in Dicke von Telefonbüchern auswendig zu lernen. Dass man Prüfungen immer mit Wissenslücken in der Tiefe des Grand Canyon antrat, war eine Herausforderung, vor allem für mein Introvertier, das sich gut vorbereitet fühlen wollte.

In der Hauptstadt folgten weitere WGs mit Fremden und Freunden oder Fremden, die zu Freunden wurden. Schon damals gab es WG-Castings, also Bewerbungsrunden für die Wohngemeinschaft, und dabei griffen wir auch mal ordentlich daneben. Besonders nervtötend war ein von uns hoch gehandelter Bewerber, der NIE das Haus verließ und sehr gern Dinge frittierte – eine Kombi, die für mein Introvertier schwer auszuhalten war. So sehr ich es liebte, alle meine Mitbewohner mit Burgern und Popcorn in meinem Bett vor dem Fernseher zu versammeln, brauchte ich genauso die Möglichkeit, hinter verschlossenen Türen an die Wand zu starren oder in Büchern zu versinken. Als mit Fari endlich ein Hund bei uns einzog, verschwand ich

fortan in den Park, wenn „Frittier-Flo" mit seiner Dauer-
anwesenheit an meinem Nervenkostüm zerrte.

Während des Staatsexamens kehrte ich Berlin den Rücken.
Mein damaliger Freund bekam einen Job bei Kassel und
ich folgte ihm. Die Entscheidung war nicht einfach und es
schmerzte sehr, die Hauptstadt gegen dieses Dorf im Nir-
gendwo einzutauschen. Zwar war die Natur wunderschön,
aber der beschränkte Horizont der Leute resultierte darin,
dass ich schwer meine Berliner Schnauze halten konnte.

Es stimmt nicht, dass alle Introvertier(t)e auf den Mund
gefallen sind. Meines konnte schon immer gut zum Aus-
druck bringen, wenn ihm etwas gegen den Strich ging.

Heute weiß ich, dass ich nie an diesem Ort ankommen
wollte und ich daher bewusst die Großstadtarroganz raus-
hängen ließ. Ich fühlte mich fremd mit den wortkargen
und häufig schimpfenden Nordhessen. Zu ihnen wollte
ich nicht gehören und tat es somit auch nicht. Zudem war
ich nur am Wochenende da, denn ich hatte ein Praktikum
in Hannover begonnen, das sich in ein Volontariat und
meinen ersten festen Job verlängerte.

Mit dem Job, den mein Introvertier von Beginn an liebte,
begann mein Leben als Pendlerin: Jeden Montag in der
Früh stieg ich in meinen alten Golf und fuhr von Hes-
sen nach Niedersachsen. Damals hatte ich kaum Geld,
brauchte aber eine zweite Wohnung und musste ständig

von einer Zwischenmiete zur nächsten ziehen. Mein Introvertier versuchte währenddessen verzweifelt beisammenzuhalten, was ihm wichtig war – Freundschaften, Familie, Beziehung und Arbeit – und verpulverte beim Pendeln jede Menge Energie und den letzten mühsam verdienten Taler.

Nach ein paar Jahren in unterschiedlichen Zweitwohnungen bekam ich endlich die Chance, die Wohnung einer Freundin zu übernehmen, von der ich sowohl ins Zentrum als auch an den See sowie in den riesigen Stadtwald laufen konnte. Sie war winzig, aber sie gehörte mir und ich renovierte sie begeistert und ohne jede Hilfe.

Fari und ich haben dort glückliche Zeiten verbracht und viele Tränen vergossen. Diese Wohnung bedeutete mir viel, weil sie dem Introvertier Rückzug und etwas Kontinuität bot.

Als die Beziehung zu meinem Freund in Kassel in die Brüche ging, verliebte ich mich in einen Burschen aus dem Süden, der noch weiter weg wohnte. Damit blieb nur das Pendeln – allerdings mit zunehmend schweren Gliedern und einem immer leeren Geldbeutel. Insgesamt sieben Jahre packte ich jedes verdammte Wochenende meine Koffer.

Als durch die Pandemie das mobile Arbeiten möglich wurde, fielen die letzten Schranken, die mich an einen Ort gebunden hatten und ich war nur noch auf Achse. Mein Introvertier trieb das in einen mentalen Totalcrash. Nach einer schweren depressiven Episode, die uns vollständig aus der Normalität riss, hängte ich den Pendleralltag an den Nagel. Mein erschöpftes Introvertier brauchte nun zweierlei: Beständigkeit und Ruhe.

In der Rückschau merke ich, dass alle Stationen des Lebens einzelne Puzzleteile geliefert haben, die sich langsam zu einem klaren Bild zusammensetzen. Im Gegensatz zu vielen Freundinnen hatte ich nämlich nicht DIE Zukunftsvision vor Augen, welche ich dann nur noch ans Universum schicken musste. Ich wusste zwar, dass mir ein schönes Zuhause als Rückzugsort wichtig war, doch wie es im Detail aussehen sollte, wusste ich nicht.

Und hey, das ist o. k. Es ist o. k., mehrfach abzubiegen, zu stolpern und auf die Nase zu fallen, sich zu verlaufen und zeitweise selbst zu verlieren.

Heute wohne ich nicht nur an einem anderen Ort, sondern auch in einer anderen Konstellation, als ich mir zuvor immer ausgemalt hatte. (Tja, wenn man keine klare Vorstellung schickt, hat das Universum wohl Lust, zu improvisieren!)

Im Moment lernen mein Introvertier und ich, wie das Leben funktioniert, wenn man nicht jeden Freitag den Koffer packt. Wir lernen die Langeweile eines Alltags kennen und auch, Dinge auszuhalten, die bei weniger Ablenkung an die Oberfläche kommen.

Was mein Introvertier in der Zeit des Pendelns gelernt hat ist, flexibel zu sein und sich immer wieder auf neue Orte und Konstellationen einzulassen – eine Sache, die ihm nicht unbedingt gegeben war.

Ich bin froh, dass ich inzwischen ein Nest bauen durfte, wo ich Ruhe, Rückzug und Gemütlichkeit finde. Geblieben ist der Drang, immer mal wieder auf Achse zu sein. Denn neben der familiären Anbindung, die mich wurzelt und die ich so stark brauche, ist da immer noch der Wunsch nach Unabhängigkeit.

Ich hoffe, dass alle Introvertier(t)e, die das lesen, sich Gleiches erlauben: Ein Leben, das sich FÜR SIE gut anfühlt mit all seinen Irrungen und Wirrungen. Ein Leben, in dem sie ankommen wollen, ohne stehen zu bleiben, und in dem es Platz gibt für alle möglichen Gegensätze.

Ich hoffe, ihr gebt euch die Zeit, herauszufinden, was ihr braucht, um euch so richtig wohlfühlen zu können. Oder wisst ihr es bereits?

Was MEIN Introvertier braucht, um sich wohlzufühlen:

- Ruhe am liebsten ein Bach, Wald und oder Park, in dem ich Leute beobachten kann

- Nähe zur Natur, ohne ganz ab vom Schuss zu sein
- Tierkontakt
- Zwei schöne Cafés, idealerweise in Gehweite
- Spazierrunden, die ich in und auswendig kenne
- Eine gewisse Anonymität
- Rückzugsmöglichkeiten zum Lesen
- Gemütlichkeit und Wärme
  (ein Kamin ist Premium!)
- Liebe
- Offenheit und Liberalität
- Zwei bis drei liebe Menschen

Wie überstehe ich als Introvertier Ortwechsel und Umzüge?

- Trauer über Abschied zulassen und sich Zeit für den Abschied nehmen
- Die Anwesenheit von Ängsten akzeptieren (dann wird ihnen langweilig und sie gehen auch wieder)
- Das Warum für den Umzug aufschreiben, die daraus entstehenden Chancen auflisten und notieren, was man an seinem alten Wohnort / in seiner alten Wohnung nicht mochte
- Innere Arbeit
- Mit vertrauten Menschen sprechen

- Dem neuen Ort (und sich selbst) Zeit (und eine Chance!) geben
- Ecken suchen, die einem gefallen und Kraft schenken
- Das Vertraute in die neue Umgebung bringen, gewohnte Rituale aufnehmen und die neue Wohnung / den neuen Ort richtig schön herrichten

BEZIEHUNGSKISTEN

„Nie wollte ich in Beziehungen tauchen, die keine Tiefe hatten.“

Was die Liebe angeht (und vieles andere), so war ich ein Spätzünder. Zu lange wirkte die Magersucht wie ein riesiger Energiefresser, der keinen Raum für romantische Gefühle ließ. In den Genuss des ersten Verknallt-Seins kam ich erst, als ich nicht mehr gegen meinen Körper ankämpfte. Mein Freund Tim wurde mein neuer Anker und obwohl wir, so sagten Freunde, „öffentlich nicht sehr emotional miteinander umgingen“, fühlte ich mich über lange Zeit mit ihm wie Clydes Bonnie.

Heute denke ich, dass ich eine ganz schöne Klette war. Ohne eigene Hobbys durch meine frühen 20er irrend, umschwebte ich Tim wie ein Komet seinen Planeten. Das muss ihm als extrovertiertem Herdentier manchmal auf den Geist gegangen sein. Seine selbstbewusste Art und sein lässiges Auftreten zogen mein Introvertier an wie ein Magnet – so wie es bei Gegensätzen nun mal sein kann. Natürlich kam es zu Konflikten. Tim als lauter und lustiger Mr. Everywhere, der keine Party ausließ. Seine Kumpels standen bei ihm im Fokus und jeden Tag wollte er ein paar Stunden mit seiner Herde grasen (im wahrsten Sinne!). Für mich war das o. k., doch verbrachte ich auch viel Zeit damit, auf ihn zu warten.

Trotzdem waren wir jung, verknallt und wohlbehütet. Die Wochenenden verbrachten wir mit Wodka und Organgensaft auf seinem Balkon in Berlin-Friedenau. *Cheers!*

Die Zeit nahm uns die rosafarbenen Brillen von den Nasenspitzen, zumal er nach Cambridge und ich nach Budapest ging. Mit großer Disziplin verbiss ich mich in mein Studium, während Tim mit seinen neuen BWL-Kollegen feuchtfröhliche Partys feierte. Wenn wir uns sahen fühlte ich mich oft im Stich gelassen und schluckte herunter, dass er mich in geselligen Runden gefühlt links liegen ließ. Um mein gekränktes Ego zu beruhigen, versuchte ich, ständig seine Aufmerksamkeit zu erregen und Bestätigung zu erhaschen. Das machte mich jedoch nicht glücklicher.

Unsere Beziehung überlebte den Sprung von der Schulzeit in die Uni, doch dann ging ihr die Luft aus. „Immer starrst du nur noch in deine Bücher", sagte er, was stimmte. Dieselbe Disziplin, die es mir in meiner magersüchtigen Zeit ermöglicht hatte, nicht zu essen, lebte ich nun voll in meinem Studium aus.

Bei unserer Trennung, die einem Filmdrama in nichts nachstand (Bilderrahmen flogen), überkam mich ein unglaubliches Trauergefühl. „Du hast ein Jahr lang geweint, ich dachte, das hört nie wieder auf", sagte meine Mama damals.

Auch in meiner nächsten Beziehung gab es ähnliche Muster. Manchmal denke ich heute: „Wahnsinn, wie viel ich allein war." Mein Freund arbeitete ständig und ging in seiner Freizeit seinen Hobbys nach, die ich nicht teilte. Ich strich derweil mit unseren beiden Hunden in der Natur herum oder las. Das war o. k. für mich, doch heute ist mir klar, dass er seinen Interessen nachging, während ich gucken konnte, wo ich blieb.

Anstrengend fand ich, dass mein Freund sich ständig mit unseren Nachbarn verabredete und bei den Treffen mehr als ausdauernd war. Ich musste mich oft dazu zwingen und verspürte irgendwann den starken Drang, nach Hause zu gehen.

„Machst du mal wieder 'nen polnischen Abgang?"
Das war einer der Sprüche, der mir nicht nur einmal begegnete.

Die Beziehung hielt eine Weile, kannte jedoch keinen Alltag. Mit der Zeit verloren wir uns aus den Augen, gaben uns immer weniger Mühe. Unser größtes „Talent" in Sachen Kommunikation bestand darin, die Dinge totzuschweigen. Wenn wir es dann doch mal schafften, Probleme anzusprechen, knallte es.

Als ich begann, mich in seiner Anwesenheit einsam zu fühlen, wusste ich, dass unsere gemeinsame Zeit vorbei war. Bei der Trennung – ich hatte es inzwischen in die Arbeitswelt geschafft – kam sie wieder, die Trauerkeule. Ich litt unter körperlichen Schmerz und Schlaflosigkeit, am Morgen wurde ich von Ängsten wachgeküsst. Der Trauer, die mir den Hals zuschnürte wie eine Panikattacke, begegnete ich intuitiv mit tiefem Atmen. Das war schlau, wie ich heute weiß. Denn das bewusste Ein- und Ausatmen aktiviert den Ruhenerv und kann Ängste vertreiben.

Neben den Atemübungen und Fari, die meinem Tag Struktur gab, fing mich mein soziales Netz auf: Meine Liebsten standen sofort parat und sperrten die Ohren auf, nach Berlin gab es eine Dauerleitung am Telefon. Eine meiner engsten Freundinnen hielt nachts meine Hand und legte sich zu mir wie ein kuschliges Löffelchen. Offene Ohren sowie die Nähe zu Menschen, die mich kannten und meine Tränen trockneten – ohne sie wäre ich eingegangen wie eine Primel.

Oft hatte ich das Gefühl gehabt, dass mich Trennungen stärker schmerzten als viele meiner Freundinnen. Deshalb hielt ich zu lange an unglücklichen Beziehungen fest. Jeder Schlussstrich riss mir den Boden unter den Füßen weg. Ich konnte nicht essen, nur heulen. Nie hätte sich mein Introvertier sofort ins nächste Liebesabenteuer stürzen können. Erst Zeit nahm mir nach und nach das Gewicht von der Brust. Ich glaube, so geht es vielen treuen nach innen gekehrten Seelen: Wenn das Herz erst mal an jemandem hängt, ist es sehr schwer abzulösen.

„Jemand mit gebrochenem Herzen möchte keine sachliche, effektive Lösung, er muss erstmal in einer Endlosschleife das immer wieder Gleiche erzählen dürfen, bis sein Kopf die Ereignisse sortiert hat. Das ist ermüdend. Für alle. Und das ist völlig ok."

Madeleine Darya Alizadeh

I was the type of person,
That held onto things too tight,
Unable to release my grip,
When it no longer felt right,
And although it gave me blisters,
And my fingers would all ache,
I always thought that holding on,
Was worth the pain it takes,
I used to think that in losing things,
I´d lose part of me too,
That slowely I become someone,
My heart no longer knew.

Then one day something happened,
I dropped what I one held dear,
But my soul became much lighter,
Instead of filled with fear,
And I taught my heart that some things,
Aren´t meant to last for long,
They arrive to teach you lessons,
And then continue on,
You don´t have to cling to people,
Who no longer make you smile,
Or do something you´ve come to hate,
If it isn't worth your while,
That sometimes the thing you´re fighting for,
Isn't worth the cost,
And not everything you ever lose,
is bound to be a loss.

INTROVERTIER(T)E IN BEZIEHUNGEN

„Wenn man introvertiert wie ich ist, kennt man das Alleinsein schon länger. Wenn man dann jemanden findet, der einen versteht, verliebt man sich in ihn. Das ist eine große Befreiung."

Lana Del Rey

Susan Cain beschreibt das Beziehungsverhalten von Introvertier(t)en in „Still" folgendermaßen:

Introvertier)t)e …

… brauchen mehr Nähe als Extravertierte.

… genießen die Gesellschaft ihres Partners, der oft im Mittelpunkt ihres sozialen Universums steht.

… benötigen nicht viele Worte oder andere Menschen.

… gehen seltener fremd/lassen sich seltener scheiden.

… können für jemanden, den sie lieben, auch mal aus ihrem introvertierten Ich aussteigen und pseudoextrovertiert sein, brauchen danach aber eine Regenerationsnische, in der sie zu ihrem eigentlichen Selbst zurückkehren können (= „Free Trait Theorie" nach Prof. Brian Little).

… sind in der Regel konfliktscheu und empfinden das Schimpfen von Extravertierten als „Aggression".

… versuchen Streits abzumildern, weil sie ihnen Unwohlsein bereiten.

… ziehen sich nach Konflikten häufig emotional zurück.

Was Leute über meine Beziehungen gesagt haben:

„Immer wolltest Du es allen Recht machen, Hauptsache es herrschte Harmonie."

„Es ist Wahnsinn. Ich kenne niemanden, der so treu und ehrlich ist, wie Du. Unglaublich!"

„Du hast Dir zu viel gefallen lassen. Hast dich nach Beachtung gesehnt und warst so traurig."

„Nach der Trennung hast du ein Jahr lang geweint. Ich dachte das hört nie wieder auf."

Tipps für bessere Beziehungen

- Jede Beziehung ist ein Spiegel deiner selbst. Denk immer dran: „Happiness is an inside job." Wenn es dir nicht gelingt, dich glücklich zu machen, wird es auch dein Partner nicht schaffen. Arbeite an DIR.

Reflektiere DEIN Verhalten, Lerne, DICH zu akzeptieren. Insbesondere von der Aufarbeitung deiner Kindheit (Bücher lesen, Therapie machen, Coach befragen) können Beziehungen sehr profitieren.

- Übe dich darin, Dinge anzusprechen, und lass deinen Partner in dein Inneres blicken. Kommuniziere deine Art zu kommunizieren, vor allem wenn du dich oft überrannt oder auf den emotionalen Schlips getreten fühlst. Trainiere Konflikte und Konfrontationen und nutze deine Stärke, gut beobachten und zuhören zu können. Wenn dein Partner ein extrovertierter Sprech-Denker ist, der dir all seine Gedanken ungefiltert vor die Füße spuckt, erkläre ruhig, dass du Zeit brauchst, über das Gesagte nachzudenken, und du dich später zu einem Thema äußerst.

- Denke immer daran, deinen sozialen Akku zu laden, da du nur so die Kraft aufbringen kannst, eine gute Wegbegleitung zu sein. Sag, wenn es er dir zu viel wird, dein Kopf überreizt ist und du Zeit für dich brauchst. Erkläre, dass das nicht daran liegt, dass du des anderen überdrüssig bist, sondern dass Introvertier(t)e so ticken.

- Tritt dir ab und zu in den Geselligkeitshintern und finde eine gute Balance aus Zeit zu zweit, Zeit allein und Zeit mit Freunden. Extrovertierte ziehen ihre Kraft aus dem Zusammensein mit anderen Menschen und wünschen sich, dass ihr Partner hierfür Interesse sowie Verständnis aufbringt.

- Mache deine(n) Liebste(n) nicht zum Mittelpunkt deines Universums, sondern verteile deine Aufmerksamkeit auf verschiedene Schultern und pflege immer (!) deine Freundschaften. Habe den Mut, nach Hilfe zu fragen.

- Erwarte keine Dinge von deinem Partner, die du selbst nicht gibst (z. B. Offenheit, Aufmerksamkeit, Bestätigung, Lob …). Lebe vor, was du erwartest.

Wie Trennungen überleben?

- Abstand gewinnen! Kein Kontakt, kein Hinterher-Stalken, am besten vorübergehend die Nummer löschen, Social-Media-Account blockieren und alle Erinnerungen in einer Kiste verstauen.

- Viel rausgehen und Heilung in der Natur suchen.

- Mit lieben Menschen immer wieder über die Trennung reden, weinen, bis keine Tränen mehr da sind.

- Alle Gefühle, die da sind, da sein lassen und durchfühlen .

- Versuchen zu essen.

- Sanft zu sich sein.

- Eine Reise oder sonstiges Highlight planen.
- Viel von dem tun, was er oder sie gehasst hätte.
- Aufschreiben, was dich genervt hat an ihm/ihr/ eurer Beziehung.

IM GARTEN DER FREUNDSCHAFT

„Friends move, or change jobs, or get married, or get divorced. However, what is consistent is that all our relationships are important for our growth.“

Gisele Bündchen

Als Freundin bin ich eine ambitionierte Gärtnerin mit sozialer Ader: Ich hege und pflege meine Freundschaften, bin treu und verlässlich. Neues zu pflanzen, fiel mir jedoch mitunter schwer.

Im Pendleralltag stand neben meinen Ambitionen als Freundschaftsgärtnerin viel auf dem Programm: Patenkind besuchen, Tante sein, ein Essen mit den Eltern, Fernbeziehung wässern, düngen und pflegen, Hund bespaßen, das verloren gegangene Heimatgefühl suchen, packen, packen, packen und immer zum nächsten Zug rasen.

Dieses ständige Auf-Achse-Sein hat dazu geführt, dass meine sozialen Wurzeln, die einst kräftig und in fruchtbarer Erde wuchsen, heute stark ausgedünnt sind. Viele Menschen, auf deren Sofa ich früher Wein- und Kaffeeflecken hinterließ, sind heute nicht mehr an meiner Seite. Das macht mich traurig!

Dass ich es in fünf Jahren in Hannover kaum geschafft habe, neue Freunde zu finden, war eine meiner größten Baustellen, ein empfindlicher Schwachpunkt und Auslöser von Ängsten und Traurigkeit. „Du warst halt nie da", versuchte ich mein ängstliches Introvertier zu beruhigen. „Kein Wunder, dass da nichts gewachsen ist."

Trotzdem habe ich mich oft gefragt, warum ich in meinem Leben mehr Freundschaften verlor, als neue hinzugewann. Warum ich mit der Zeit immer weniger Leute fand, die auf meiner Wellenlänge surften. Streit spielte dabei fast nie eine Rolle – dafür habe ich eine zu große Konfrontationsphobie!

Lange habe ich nach Gründen gesucht und inzwischen auch Erklärungen gefunden: Durch meine gering dosierte Geselligkeit, stieß ich schnell an soziale Kapazitätsgrenzen, ebenso mied ich Konflikte. Durch mein diszipliniertes Meide-Streit-Verhalten nahm ich vielen Freundschaften die Chance auf Weiterentwicklung und Wachstum, weil es Konflikte schlichtweg nicht ausgetragen und Problemen nicht geklärt wurden. So verebbten Beziehungen einfach.

Während des Studiums lernte ich viel im stillen Kämmerlein und mit dem Eintauchen ins Arbeitsleben saß ich plötzlich den ganzen Tag im Büro, was noch weniger Zeit für das Laden meiner Akkus ließ. Mein Introvertier genoss die Feierabende am liebsten allein und hatte lang andauernde Fernbeziehungen, die viel Zeit fraßen.

Oft fiel es mir schwer, vor Freunden mein authentisches Ich zu zeigen und nahbar zu sein. Gern lenkte ich in Gesprächen von mir ab und verhinderte so, Nähe zu meinem Gegenüber aufzubauen. Außerdem flüchtete ich mich in Social Media und beobachtete die virtuellen Leben fremder Menschen, worunter mein Kontakt zu echten Menschen litt. Beim Knüpfen neuer Freundschaften hatte ich häufig wenig Durchhaltevermögen oder ich ließ mich (zu) schnell verunsichern. Nicht gerade hilfreich dabei war neben meiner Streit- auch meine Telefonphobie.

Es hat lange gedauert, bis ich akzeptieren konnte, dass meine sozialen Akkus nie für einen riesigen Freundeskreis reichen werden. Und dass es normal und der Lauf der Dinge ist, wenn Freundschaften sich verändern oder gar enden. Ich weiß nun: Wenn Menschen in mein Leben kommen, hat dies einen Grund, und wenn sie wieder gehen, ebenfalls. Zwar hätte ich noch immer gern stärkere soziale Wurzeln, die ähnlich wie in einem Wald über Jahre gemeinsam wachsen, doch mein Introvertier hatte wohl einen anderen Plan für mich.

Inzwischen bin ich besser darin geworden, auch schwierige Dinge anzusprechen und Freunde einfach mal anzurufen. Ich gehe leichter auf Menschen zu, vor allem wenn es eine Brücke gibt, die uns verbindet: Kinder, Tiere, oder eine gemeinsame Begeisterung, zum Beispiel für Sport, Tanz oder Bücher.

Die schönste Erkenntnis ist, dass ich mir über die Jahre selbst eine bessere Wegbegleiterin geworden bin. Ich habe gelernt, großzügiger mit mir zu sein und mein Introvertier tatsächlich zu lieben.

Heute schätze ich meinen kleinen Kreis. Eine Handvoll toller, über ganz Deutschland verteilter Menschen, die in unterschiedlichen Lebensphasen zu mir gestoßen sind. Ihre Anwesenheit in meinem Leben fühlt sich trotz räumlicher Distanz wie eine warme Decke für meine Seele an.

Ich habe allerdings festgestellt, dass ich mir als Teilzeit-Einzelgängerin manchmal in den Geselligkeits-Hintern treten muss, auch wenn das Sofa ganz laut meinen Namen ruft. Austausch befruchtet und außerhalb der eigenen vier Wände warten häufig spannende Erlebnisse und inspirierende Begegnungen, die einen wachsen lassen. Außerdem weiß ich inzwischen, dass ich das Verhalten meines Introvertiers beizeiten erklären darf, um meinen Freunden nicht vor den Kopf zu stoßen, zum Beispiel, wenn meine extrovertierten Freundinnen beklagen, dass ich schon wieder von der Bildfläche verschwunden bin oder Alleinzeit brauche.

Für alle Beziehungen gilt: Authentisch sein, das Gegenüber daran teilhaben lassen, was im Dachstübchen und im Bauchraum passiert. Und: Mehr Mut zu Konfrontationen. Ich habe gelesen, dass es die persönliche Weiterentwicklung fördert, auch mal konträre Meinungen zu konsumieren und sich zu trauen, den eigenen Standpunkt zu vertreten, auch wenn man damit aneckt.

INTROVERTIER(T)E IN FREUNDSCHAFTEN

Was sagt Susan Cain?

Introvertier(t)e ...

... brauchen länger, um mit jemandem warm zu werden, wirken durch ihre Zurückgezogenheit mitunter abweisend/arrogant.

... sind häufig schwer zugänglich und machen vieles mit sich aus, müssen persönliche Probleme erstmal einmal selbst reflektieren und verstehen, bevor sie darüber reden können.

... sind gute Zuhörer.

... haben weniger, aber gute Freunde, an denen sie stark hängen.

... suchen sich oft bewusst ihr Gegenstück (= extrovertierte Menschen).

... stellen für andere eine Konstante dar.

... schätzen tiefgründige Gespräche.

... sind häufig konfliktscheu.

... suchen die Mischung aus Geselligkeit und Alleinsein.

... schätzen in der Regel keine Überraschungsbesuche.

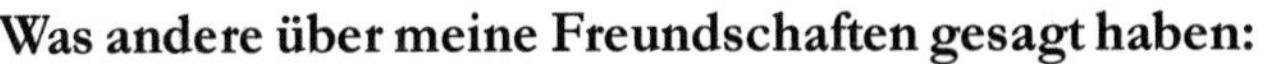

Was andere über meine Freundschaften gesagt haben:

„Ich mag es, so eine loyale Freundin zu haben."

„Wahnsinn, das du dir alles gemerkt hast, was ich mal erzählt habe!"

„Eigentlich bist du dir selbst genug. Oder?"

„Manchmal kann ich dich nicht einschätzen."

Was mein Introvertier und ich über Freundschaften gelernt haben:

- Für Verbundenheit und Tiefe braucht es Zeit und die Bereitschaft, sich zu öffnen
- Freundschaft darf leicht sein
- Wahre Freundschaften überstehen Pausen, Auseinandersetzungen, Funkstille, Absagen
- Freunde können gönnen und deine Erfolge feiern bzw. kommunizieren offen, wenn sie mal neidisch sind und warum
- Jeder Freund erfüllt eine andere Rolle und diese muss nicht immer tiefgründig sein
- Es gibt nichts Wertvolleres, als die Verbundenheit und Solidarität unter Frauen

- Zu jedem Zeitpunkt des Lebens können neue, inspirierende Begegnungen und Freundschaften entstehen
- Introvertierte und Extrovertierte können tolle Freundschaften führen, wobei es Kommunikation, Verständnis und Großzügigkeit bedarf
- Verletzlichkeit und Authentizität sind Türenöffner
- Intros müssen lernen, ihren Mund aufzumachen, Dinge zu benennen und zu streiten, ohne Angst zu haben, einen Menschen zu verlieren
- Freundschaften sind ein Geben und Nehmen
- Nicht jede Freundschaft ist für die Ewigkeit. Das ist ok und darf betrauert werden
- Die wichtigste Freundschaft im Leben ist die zu dir selbst
- Gute Freunde werden dich auf deinem persönlichen Weg begleiten, zu dir halten und dich ermutigen, größer zu träumen

Ideen, um neue Leute kennenzulernen und Tipps, um auf diese zuzugehen:

- Hobby suchen und Dinge tun, die dich glücklich machen und in dir ein Wohlfühlgefühl auslösen. Das wirkt sich positiv auf die Ausstrahlung aus und verbindet dich mit Leuten, die Ähnliches i

- Social Media und die Onlinewelt für Gutes
  nutzen: Hier kannst du Leute beobachten, dich
  inspirieren lassen und Menschen mit ähnlichen
  Interessen schriftlich kontaktieren
- Hund anschaffen oder Hundesitterin werden
- Kinder (vielleicht auch ausleihen? 😊)
- Workshops und Community-Events besuchen
  (geht auch online)
- Wandergruppe
- Freunde über Freunde kennenlernen

**Was geholfen hat, mir selbst eine bessere Freundin
zu werden:**

- Die Geburt meines Sohnes und seine Liebe
- Mentale Krisen, Therapie, Persönlichkeitsent-
  wicklung
- Aufzuhören, bestimmten Menschen hinterherzu-
  laufen, die sich nicht für mich interessiert haben,
  Energiefresser waren bzw. sich selbst daran hoch-
  gezogen haben, wenn es mir schlecht ging
- Die Erkenntnis, dass ich kein bestimmtes Bild
  nach außen tragen muss
- Gesunder Egoismus, im Sinne von: Meine Bedürfnisse sind genauso wichtig wie die meiner Familie
  und ich darf mir etwas Gutes tun

- Sport
- Das Schreiben und die damit verbundene Selbst-reflexion sowie die Beobachtung, dass ich immer weiter gewachsen bin
- Andere Frauen, die mich bestärkt und begleitet haben

Was ich tue, um mir selbst eine gute Freundin zu sein:

- Alleinzeiten einplanen und genießen, wenn nötig durch etwas früheres Aufstehen
- Auf meinen Körper hören und ihm das Geben, wonach er fragt – z. B. Schlaf
- Mir Blumen kaufen und mich zum Essen ausführen
- Die Wohnung aufräumen und damit das innere Chaos besiegen
- Lesen
- Eine schöne Atmosphäre schaffen mit Kerzen, Blumen, Deko
- Bewegung in der Natur
- Mich in Großzügigkeit und Geduld üben – anderen und mir selbst gegenüber
- Liebe einfordern

MAMA INTROVERTIER

„Mit meinem Sohn habe ich die Tiefe der zwischenmenschlichen Verbundenheit gefunden, die ich schon immer gesucht habe."

Eine neue Form der Liebe darf ich seit der Geburt meines Sohnes leben. Ich hätte es nie gedacht, aber ich liebe es, Mama zu sein.

Die Schwangerschaft verbrachte mein bis dato kinderscheues Introvertier mit flatterndem Nervenkostüm und in der furchteinflößenden Gewissheit, dass diese Verantwortung eine sein würde, die ich nicht wie ein zu großes Kleidungsstück würde zurückschicken können.

Mir war bewusst, dass mit einem Baby Fremdbestimmung und Dauergeselligkeit bei uns einziehen würden. Das ließ mein Introvertier nervös mit den Füßen scharren.
Außerdem wusste ich, dass mein ebenfalls introvertierter Freund beim Armdrücken um wertvolle Alleinzeit bessere Karten hatte, da ich stillen wollte. In meinem Kopf entstanden die kreativsten Horrorszenarien: So sah ich das Baby und mich in einer verwüsteten Wohnung, heillos überfordert. Solche Bilder stahlen mir bereits in der Schwangerschaft meinen wertvollen Schlaf.

Obwohl ich nicht sicher war, ob mir meine neue Rolle liegen würde, fühlte sich der Sprung in die ganz tiefen Emotionen des Mama-Daseins befreiend, warm und unbeschreiblich schön an. Es war, als hätte ich endlich die Tiefe gefunden, die ich mir nicht nur in Gesprächen, sondern vor allem in der zwischenmenschlichen Verbundenheit immer gewünscht hatte.

Die Tiefe meiner Emotionen fühlte sich heilsam an und schenkte mir eine riesige Portion Extrapower. Sofort entkeimte in meinem Introvertier der Wunsch, nach Holz zu suchen, um dem Wicht(el) einen sicheren Rahmen zu schnitzen. Über die tiefe Verbundenheit zu meinem Kind fand ich auch mehr Verbundenheit zu mir (und damit dem Introvertier).

Durch meinen Sohn durfte ich erfahren, wie geduldig und sanft mein Introvertier sein kann und wie ich mein Leben nun gestalten muss, damit meine nach innen gekehrte Persönlichkeit weiterhin beschützt bleibt.

Dass sich Mütter regelmäßig Zeit für sich nehmen dürfen, hat mir meine eigene Mama vorgelebt: Sie ging nach meiner Geburt schnell wieder in Vollzeit arbeiten und gönnte sich zum Feierabend häufig einen kurzen Moment für sich im Café.

„Vermisst du denn nicht deine Kinder?", fragten Freunde. „Nein", sagte sie. „Ich genieße den Moment und vermisse sonst Zeit für mich."

Diese Antwort könnte von mir stammen. Ich feiere sie dafür.

Auch ich habe mir inzwischen eine Babysitterin gesucht, die mir einmal die Woche zwischen Arbeit und Kita ein zweistündiges Fenster zum Atmen verschafft. In dieser Zeit erledige ich nicht den Haushalt, sondern kümmere mich um meine introvertierte Seele und ihre Bedürfnisse.

Spannend finde ich, dass ich als Mama geselliger und wählerischer geworden bin. Da meine Alleinzeit nun noch sehr viel begrenzter ist, treffe ich nur noch Menschen, die meiner kleinen Meute guttun.

Auf der anderen Seite hat das Babyjahr mehr denn je den Wunsch in mir geweckt, ein Rudel starker Frauen um mich zu haben, mit dem ich die oft langen Tage überstehen und meine Sorgen teilen kann.

Ich bin wahnsinnig gespannt, was für eine Persönlichkeit der Wicht(el) entwickelt und ob er genau wie seine Eltern introvertiert ist oder vielleicht jedes Wochenende von den Bierbänken diverser Partys grölen wird?

Im Buch „So schön Still" von Eva Lohmann habe ich bereits lesen können, wie herausfordernd das Leben als introvertierte Mama mit einem extrovertierten Kind sein kann. Ich freue mich auf alles, was kommt!

Wie ich als introvertierte Mama meinen Akku lade:

- viel Zeit in der Natur
- Hunderunden ohne den Wicht(el)
- kurz allein ins Café, den Buchladen oder die Bibliothek
- Schreiben, Lesen
- Zoom-Mittagessen mit anderen Mamas
- klare Kommunikation an den Mann
- Wochenendtrips mit Freundinnen
- Massagen, Badewanne, Therme
- Kochen und dabei Podcast hören
- Sport
- Kerzen und Klaviermusik

IM ARBEITSLEBEN

„Manchmal kann es lohnen, nochmal rechts abzubiegen.“

Als ich begann, Tiermedizin zu studieren, tat ich das aus Tierliebe, Wissbegierde und einem Interesse an Medizin sowie Biologie. Im Studium fühlte ich mich jedoch schnell wie eine Giraffe in einer Herde Zebras.

Mit meiner Vorliebe für Sprache und Texte trabte ich häufig abseits der Herde aus Medizinern und Naturwissenschaftlern. Dort herrscht die Devise: *An die Bücher, fertig, los! Zeige mir, was ich lernen soll, und sage mir, bis wann!*

Mit dem Wunsch, mich hin und wieder von der Schönheit gut geschriebener Texte umarmen zu lassen, stand ich allein da. Daher war das Unverständnis groß, als ich mich nach dem Studium in Richtung Journalismus orientierte: „Oh Gott, warum hast du denn dann Tiermedizin studiert?“, fragten die einen. Andere kommentierten großzügig: „Na ja, so eine Arbeit muss ja auch irgendwer machen …“

Eine Freundin stellte fest: „Ach so, dann bist du also keine Tierärztin mehr?“

Lange habe ich mit mir gehadert, weil ich kein Macher-typ bin, sondern ein sprachverrückter Bücherwurm, der hauptsächlich am Schreibtisch sitzt. Häufig schielte ich zu meinen extrovertierten Freundinnen, die all das verkörperten, was in mir nicht angelegt schien, und beneidete sie darum. „Bist du einfach zu feige, um auch in eine Klinik zu gehen und als ‚richtige Tierärztin‘ zu arbeiten?“, fragte ich mich. Dabei hatten mir Magen-schmerzen, chronisch erhöhte Stresshormonlevel und ein innerer Widerwille klar vermittelt, dass die Arbeit dort nicht das Richtige für mich war: zu viele Menschen, zu viele Ellenbogen und kein Platz für Kreativität.

Ich habe tatsächlich unterschätzt, dass Tierärzte einen Großteil ihrer Arbeitszeit damit verbringen, verunsicherte Tierbesitzer zu beruhigen, die häufig hohe Ansprüche und wenig Geduld haben. Das führt nicht selten zu Kon-flikten und Diskussionen, die mein Introvertier stark an die Nieren gingen.

Außerdem dachte ich nie darüber nach, dass für Kreativi-tät in der Medizin kaum Raum ist, da sie klare Vorgaben macht. In meinen Praktika in Tierkliniken fühlte ich mich daher oft wie ein Vogel mit gestutzten Flügeln, der sich nicht entfalten konnte.

Da die meisten meiner Freunde Tierärzte waren, lebte ich lange nach dem Credo: „Hoffentlich spricht mich nie-mand auf meinen Beruf an!“ Ich hatte keine Lust, mich zu erklären oder Fragen zu beantworten. In meinem Freundeskreis wollte ich einfach dazugehören, nicht auffallen. Meine Mama trieb das zur Weißglut. „Du musst Dich überhaupt nicht verstecken!", sagte sie. „Sei stolz auf dich!"

Heute ist mein Quereinstieg in den Journalismus eines der Dinge, die mich tatsächlich stolz machen. Denn eigentlich wollte mein Introvertier immer nur eines: Schreiben.

Seit ich aufgehört habe, meinen Weg vor meinen Tierarztfreunden zu verstecken, fühlt sich mein Beruf wie ein maßgeschneidertes Kostüm an. Ich habe Freiräume und Raum für Kreativität, ausreichend Ruhe und Rückzug, Kontakt zu Menschen (aber dosiert) und lebe beim Erzählen von Geschichten, bei der Weitergabe von Wissen und bei der Umsetzung von Schreibprojekten meine Potenziale. Ich bin froh, dass ich den Mut hatte, nochmal links abzubiegen. So übe ich nun einen Beruf aus, der mir das Gefühl gibt, meine Stärken zu leben. Ich denke, dass ich mein Team bereichere, und das ist ein schönes Gefühl.

Ich finde es gut, dass sich die Arbeitswelt seit der Pandemie zunehmend flexibilisiert: Mit der Möglichkeit des mobilen Arbeitens konnte ich nicht nur Liebe und Arbeit an einem Ort vereinen, ich habe nun auch mehr Raum für Kreativität und Ruhe.

Die Bedürfnisse unterschiedlicher Persönlichkeiten im Arbeitsleben sollten insgesamt bekannter werden, damit

Arbeitgeber ihre Mitarbeiter individueller fördern können. Nicht jeder schöpft in Gruppenarbeiten oder Großraumbüros sein volles Potenzial aus. Stefanie Stahl schreibt in ihrem Buch „So bin ich eben", dass das Homeoffice vor allem organisierten Introvertier(t)en liege. Das stimmt für meines nur bedingt. Was mir im Homeoffice fehlt, ist der Menschenkontakt, weil Fari auf Dauer zu schweigsam ist.

Zum Grinsen brachte mich Prof. Brian Little, ein introvertierter Psychologe, der zwischen seinen Vorlesungen ins Bad floh, um zu regenerieren. Für seine geliebten Studenten schlüpfte er in das Kostüm eines Extrovertierten und hielt lebhafte Vorträge, was ihm Freude brachte, jedoch gleichzeitig seinen Akku leerte. Das stille Örtchen als Insel der Ruhe: Die Toilette diente dem Professor als sogenannte Regenerationsnische und persönliche Akkuladestation. Solch einen Ort der Erholung brauchen viele Introvertier(t)e, vor allem wenn sie für einen Job pseudoextrovertiert, also sehr offen, gesprächig und lässig, auftreten müssen.

Ich für meinen Teil kenne das zu 100 % von geschäftigen Tierärztekongressen, die ich bis heute als Redakteurin besuche. Während der Pausen flüchte auch ich häufig ins Bad oder ein Café und hoffe, dass mich niemand erwischt oder gar begleiten will. *Sprich mich nicht an. Ich bin ein Stein. Ich hasse Menschen (Spaß!).*

Für alle Introvertier(t)e im Arbeitsleben: Ich hoffe, ihr (er)kennt eure Stärken und wie diese ein Team bereichern können. Ihr seid gute Zuhörer, kreativ, sehr hilfsbereit, diszipliniert und beharrlich – was wollen eure Chefs mehr?

Ich hoffe, ihr kommuniziert eure Bedürfnisse und kehrt Positionen, die euch auf die Psyche gehen, den Rücken. Nicht jedes Introvertier wird/muss seine Arbeit als Berufung sehen, doch nie sollte der Job die mentale Gesundheit gefährden.

Ich hoffe, ihr findet beruflich oder privat ein Thema, das euch wirklich packt und in das ihr euch verbeißen wollt. Das wird euch beleben und zum Experten machen.

Es ist o. k., unterschiedliche Berufe auszuprobieren und nicht klassisch mit dem zu arbeiten, was man gelernt hat. Tierärzte dürfen schreiben und Anwälte Fitnesstrainer sein, wenn es sie denn glücklich macht. Vielleicht zieht ihr eure Energie auch aus dem Privaten und seht die Arbeit als reine Geldbeschaffungsmaßnahme – das ist o. k.

Lasst euch nicht stressen und nehmt euch Akkuladezeiten. Seid mutig, scheut nicht immer das Neue und traut euch auch an mehr Verantwortung.

Introvertier(t)e auf der Arbeit ...

... sind diszipliniert und pünktlich.
... brauchen Ruhe, damit ihr Ruhenerv, der Parasympathikus, gut arbeiten kann.

… sind beharrliche Problemlöser.

… können gut planen.

… denken länger über Entscheidungen nach, bzw. denken erst, bevor sie sprechen.

… möchten sich gut vorbereitet fühlen.

… kalkulieren Risiken und sind vorsichtig.

… können sich gut konzentrieren.

… schätzen tiefgründige Gespräche.

… bieten oft konstruktive, innovative Lösungsansätze.

… strahlen Glaubwürdigkeit aus.

… sind kreativ.

… sprechen gern über Themen, für die sie brennen.

… können genau wie Extravertierte Teams leiten, sind aber mehr auf die aktive Mitarbeit ihrer Mitarbeiter angewiesen.

„Bleibe deiner eigenen Natur treu. Wenn du es liebst, langsam und stetig zu arbeiten, lass dich von anderen nicht hetzen. Wenn du Tiefe magst, zwinge dich nicht zur Breite.“

Susan Cain

Was brauche ich in meinem Job, damit er zu meinem Introvertier passt?

- Die Möglichkeit zur kreativen Entfaltung
- Begeisterung für die Thematik (im Idealfall!)
- Ruhe für das Eintauchen in die Tiefen der Materie
- Die richtige Balance aus Kontakten und Alleinzeit
- Das Gefühl, eine sinnstiftende Tätigkeit auszuüben

Teil 3

Als Introvertier(t)e in einer extrovertierten Welt

„*Finde dein eigenes Tempo.*"

Oft habe ich das Gefühl, dass unsere Gesellschaft für Extrovertierte konzipiert wurde. Im Alltag geht es zu wie auf der Autobahn: Keiner hat Zeit, alle fahren zu schnell, sind ungeduldig und drängeln. Da Extrovertierte in der Regel mehr PS unter der Haube haben, sind Introvertier(t)e unter Druck.

Ich fühle mich dann, als würde ich in einem alten Golf sitzen, während alle um mich herum Rennwagen fahren. *Zu lahm. Zu leise. Abgehängt.*

In Gruppen komme ich mir vor wie eine Außerirdische, die gerade erst auf der Erde gelandet ist. *Fremd und eingeschüchtert.*

Mein Alltag erinnert mich häufig an einen Besuch im Spielzeuggeschäft mit fünf Kindern, die alle etwas anderes wollen. *Zu-viel-auf-Einmal.*

Besuche ich einen Tierärztekongress als Redakteurin, dann komme ich mir vor, als hätte ich zu lange ohne Sonnenbrille ins Licht geguckt. *Reizüberflutet.*

Das Leben in einer extrovertierten Gesellschaft kann kräftezehrend sein und blöde Gefühle auslösen.

Wenn mir mal wieder alles zu viel wird, wünsche ich mir eine Fernbedienung, mit der ich die Geschwindigkeit verringern, die Lautstärke herunterregeln und kräftezehrende Reize abwehren kann. Dann wäre die Welt etwas langsamer, ruhiger und entspannter und ich hätte nicht ständig das Gefühl, außer Atem zu sein.

Es ist komisch: Obwohl ich meine Persönlichkeit und mein Leben mag, kriegt mich unsere Gesellschaft immer mal wieder dazu, Extrovertierte zu beneiden. Eben weil sie, die Gesellschaft, so vieles belohnt, was ihnen leicht(er) von der Hand geht: das Sich-immer-bemerkbar-Machen, das Andere-mühelos-Unterhalten, ihre Dauergeselligkeit. Manchmal ist es mir regelrecht unangenehm, dass ich so gern Zeit allein verbringe, weil die Gesellschaft suggeriert, dass die Dauergeselligkeit das Nonplusultra ist.

Ich weiß, dass ich mit dieser Empfindung nicht allein bin und dass es viele Introvertier(t)e mit ähnlichen Gedankengängen gibt: „Wenn ich nur sozial ausdauernder wäre und mehr Freunde hätte, forscher und besser darin, auf neue Leute zuzugehen. Wenn ich nur etwas extrovertierter wäre." Stellt euch mal vor, wie viel Potenzial verpufft, weil Introvertier(t)e sich permanent wünschen, extrovertierter zu sein.

Was wäre denn, wenn sie mehr aus sich rauskämen?

Vermutlich würden Introvertier(t)e dann tatsächlich mehr Aufmerksamkeit bekommen und auf der Karriereleiter höher klettern. Doch vielleicht würden sie in ein Leben rutschen, das gar nicht zu ihnen passt?

Unsere Gesellschaft braucht Introvertier(t)e. Menschen, die einen guten Kontakt zur Natur haben, empathisch und nicht ständig auf Entertainment von außen angewiesen sind tun ihr gut, dieser verrückten Welt. Sie braucht gute Zuhörer, Kreativität und Ruhe.

Ich bewundere nach innen gekehrte Persönlichkeiten. Unter ihnen sind viele große Künstler, welche die tollsten Dinge kreieren. Ich schätze ihre Neugier, ihren Hunger für tiefes Wissen und ihren Drang nach Weiterentwicklung.

Doch weil das introvertierte Gehirn wie ein Schwamm funktioniert, der Reize aufsaugt, brauchen Introvertier(t)e ab und zu ein Bremspedal und Kraftquellen, um (mental) gesund durch die extrovertierte Welt zu kommen.

Doch wie geht das?

Mir hilft es, nach unbewussten Steuerelementen meines Verhaltens Ausschau zu halten, mich selbst zu reflektieren und mein Umfeld zu beleuchten. Ebenso versuche ich, der ständigen Dauerberieselung und Dauerablenkung bewusst zu entgehen (was harte Arbeit ist).

Du weißt sicher, dass viele Handlungen vom Unterbewusstsein gesteuert werden, welches wie ein riesiger Speicher unserer emotionalen Erfahrungen fungiert. Ich stelle mir diesen Teil der Psyche wie einen übervollen Dachboden vor, auf dem neben jeder Menge Müll und Peinlichkeiten viele Schätze vergraben sind. Auch innere Glaubenssätze sitzen hier und sabotieren mit großer Beharrlichkeit unseren Selbstwert.

Indem ich Dinge bewusst tue und mich mit meinen inneren Themen beschäftige, verhindere ich, dass schöne Momente an mir vorbeirauschen und dass ich zu viel Energie in die falschen Dinge/Menschen stecke. Zudem habe ich ein kleines, aber feines Köfferchen mit Dingen parat, die mir helfen, klarer im Kopf zu werden, mich auf die richtigen Dinge zu besinnen und Kraft zu tanken.

Dieses Köfferchen von Bewusstheit, Kraft und Inspiration möchte ich gern mit dir teilen, doch zunächst habe ich noch eine Frageliste für dich:

Hast du dir schon mal bewusst gemacht, …

… welche inneren Glaubenssätze und Unsicherheiten dein Verhalten steuern und deine Beziehungen sabotieren?

… wo deine Stärken und Schwächen liegen und welches Geschenk du in die Welt trägst?

… welche Energiefresser es in deinem Alltag gibt, die
dir das Leben schwer machen?

… mit wem und was du einen Großteil deiner Zeit ver-
bringst?

Weiterhin …

… was du isst, wie es schmeckt?

… welche Worte du wählst, wenn du mit anderen und
dir selbst sprichst?

… wie du Social Media konsumierst?

… wo deine Grenzen liegen?

… wann du 'ne Pause brauchst?

… was deinen Akku leert bzw. auftankt?

… wie dein Körper zu dir spricht und worum er dich
bittet?

… wie du mit deinen Liebsten, der Natur und Tieren
umgehst?

… wie du mit dir selbst umgehst?

… wofür du jeden Tag dankbar bist?

Wie bewusster leben? Eine Ideensammlung:

- Jede Woche einen Moment aufschreiben, den du
in Erinnerung behalten möchtest – ich nenne ihn
„Marmeladenglasmoment"

- Weniger Eindrücke durch die Fotolinse des Handys wahrnehmen
- Social Media-Zeit begrenzen
- Spaziergänge ohne Musik auf den Ohren
- (Dankbarkeits-)Journal schreiben
- Essen ohne Fernseher
- Beim Treffen von Freunden, Spielen mit dem Kind – kein Handy benutzen
- Weniger Multitasking
- Zeitfenster für kreatives Schaffen einplanen
- Mehr barfuß laufen, auch draußen, Äste, Moos, nasses Gras etc. berühren
- Bewusst in den Bauch atmen

Neben einem wachen Bewusstsein nutze ich folgende Kraft- und Inspirationsquellen, um zu verhindern, von den Reizen unserer extrovertierten Gesellschaft verschlungen zu werden.

KRAFTQUELLE I: ZEIT ALLEIN

„Weniges liebe ich so sehr, wie die eigene Gesellschaft."

Die wichtigste Voraussetzung für einen klaren Kopf, der sich der Dinge bewusst ist und den Moment genießen kann, ist Zeit allein. Zeit, die ich nur mit mir verbringe, am besten an einem Ort, der meine Akkus lädt, ist das wirksamste Tool in meinem Kraftkoffer. Ohne Alleinzeit verblühen nicht nur meine introvertierten Potenziale, sondern auch meine Sozialkompetenz.

Inzwischen weiß ich, warum meine langen Fernbeziehungen so anstrengend waren: Auf Wochen mit viel Zeit allein folgten Wochenenden dauerhaften Aufeinanderhockens. Das nahm mir die Luft.

Ich liebe meinen Partner und ich liebe meine Freunde, meine Familie, mein Kind und meinen Hund, aber ich liebe (und brauche!) auch mich und meine Gesellschaft. Und besonders liebe ich mein Umfeld, wenn wir nicht 24/7 aneinanderkleben. Permanentes Zusammensein nimmt mir den Atem und häufig auch die Freundlichkeit. Zwar habe ich Mamas Gastgeber-Gene geerbt, doch ohne Zeit allein werde ich auf Dauer ungemütlich.

Deshalb suche ich immer Zeitfenster, die nur mir gehören und in denen ich meine sozialen Akkus laden kann. So besuche ich Veranstaltungen mit vielen Menschen am besten aufgetankt. Steht ein berufliches Event an, nehme ich mir am Morgen Zeit für eine Hunderunde im Wald und gehe in der Pause allein einen Kaffee trinken.

Das Gleiche gilt, wenn meine Familie zu Besuch ist: Hier nutze ich den Gang zum Bäcker für ein schnelles Kaffeedate mit mir selbst oder sitze zur Not kurze Zeit mit meinem Handy auf dem Badewannenrand.

Als besonders entspannend empfinde ich Orte, die ich immer wieder besucht, und Wege, die ich immer wieder gegangen bin. Dieses Aufsuchen mir bekannter Lieblingsplätze/-wege beruhigt meinen Geist, da er weiß, was ihn erwartet, und deshalb einfach mal abschalten kann.

Seit mein Sohn auf der Welt ist, muss ich häufiger klare Ansagen machen, um die für mich essenzielle Alleinzeit einzufordern. Mein Freund lacht immer, wenn ich ihn zu seinem Vater-Sohn-Hunde-Glück zwinge: „Wie wäre es, wenn du, der Wicht(el) und Fari mal zwei Stunden eure Vitamin-D-Speicher auftankt? Jetzt?"

Da er ebenfalls introvertiert ist, weiß er schon, wie der Wind weht und was zu tun ist.

Wie schaffe ich es, Alleinzeit in meinen Alltag zu integrieren?

- Aktiv nach Hilfe suchen und diese auch annehmen – durch Freunde, Familie, Babysitter (was Geld kosten kann, es aber wert ist!)
- Die Mittagspause für Spaziergänge nutzen/auf Veranstaltungen in Pausen rausgehen
- Etwas früher aufstehen, lesen, Kaffee trinken, spazieren gehen
- To Dos miteinander verbinden – zum Beispiel mit dem Hund zur Post joggen, eine Freundin auf dem Spielplatz treffen
- Klare Ansagen machen : Dem Partner, den Freunden, der Familie erklären, dass man einmal am Tag eine Stunde für sich braucht, um daraus Kraft zu schöpfen

Der Wald

Der Wald strahlt für mich zweierlei aus: Ruhe und Kraft. Bäume sind zwar gewaltig, aber trotzdem sanft und beschützend. Nichts geht über das Rauschen der Baumkronen, den Duft von Tannennadeln und das Schattenspiel der Blätter. Der Wald ist mein liebster Auftank-Ort, den ich zum Schlendern, Beobachten, für Sport und zum Durchatmen nutze. Hier tanke ich Energie, lasse neben meiner Hündin auch alle Emotionen von der Leine und finde Halt und Zuversicht.

Die Berge

Die Berge haben mein Leben verändert. Als ich mit über 30 das erste Mal eine mehrtägige Höhenwanderung machte, spürte ich sofort, dass hier etwas Großes, Magisches passierte. Die Berge bringen mich näher zu meinem innersten Kern. Hier gibt es kein Handynetz, die Natur ist unberührt, der Blick darf in unendliche Weiten schweifen. Das Plätschern der Gebirgsbäche, das Pfeifen der Murmeltiere und das Klingen der Kuhglocken – es gibt wenig Besseres.

Meine Leseecke

Ich hatte schon immer die Vision einer Leseecke, in der ich mit einem Kaffee in den Tag starten oder am Abend entspannen kann. Viele Bücher, dazu ein gemütlicher Sessel und warmes Licht. Dann noch Kerzen und eine Wärmflasche. Inzwischen gibt es drei Orte in unserer Wohnung, die ich zum Lesen nutze und die meinen Akku laden.

Mein Lieblingscafé

Egal an welchem Ort ich gewohnt habe, angekommen war ich erst, wenn ich zwei Cafés gefunden hatte, in die ich regelmäßig einkehren wollte. Ich finde es schön, dort wie eine alte Bekannte begrüßt zu werden und mit Kind und Hund willkommen zu sein. Wenn es dann noch eine gemütliche Ecke gibt, von der aus ich Menschen beobachten kann, bleibt hier die Hälfte meines Gehalts liegen.

Mamas Bett

Meine Mama sitzt jeden Morgen mit einem Kaffee im Bett. Wie ihre ganze Wohnung ist auch ihr Schlafzimmer mit drei Wörtern zu beschreiben: ästhetisch, licht und gemütlich. Schon als Kind schlüpften wir morgens mit unter ihre Decke und bis heute ist das gemeinsame Schlürfen des ersten Kaffees in Mamas Kuschelhöhle mein favorisierter Morgenstart, wenn ich in der Heimat bin.

Stadtparks

Ich mochte schon immer Orte, die friedlich und zugleich belebt sind. Orte, wo die unterschiedlichsten Leute zusammenkommen, um zu grillen, zu quatschen, zu sporteln oder ihre Kinder und Hunde zu lüften. In Stadtparks triffst du den überdrehten Sport-Hannes mit seiner Aerobic-Gruppe, übermüdete Familienväter, die im Wippschritt ihre Babys schunkeln, Tussis mit kleinen Hunden, picknickende Mamas mit schwarzen Augenringen und verträumte Poeten auf der Suche nach dem nächsten Gedicht. Ich mag das.

Buchläden

Buchläden sind für mich ein Ort friedlicher Ruhe bei gleichzeitiger Geschäftigkeit. Für mich gibt es nichts Schöneres, als in unterschiedlichen Texten zu schmökern, den Empfehlungen der Verkäuferinnen zu lauschen und nebenbei noch diese kleinen Geschenkartikel anzuschauen, die keiner wirklich braucht.

KRAFTQUELLE 2: RUHE, NATUR

„Wer sich von den Reizen des Alltags bedrängt fühlt, wird in der Natur wieder Raum zum Atmen finden."

Dauerbeschallung und Lärm sind ein Killer für den introvertierten Kopf. Ich fühle mich durch laute Geräusche oft bedrängt und werde innerlich unruhig.

In meiner Wohnung in Hannover war es nie ruhig: Neben Baulärm und den frustrierten Kleinkindern der Familie von nebenan bellte der demente Cockerspaniel der Oma von gegenüber und ratterten die Autos über das Kopfsteinpflaster vor meiner Wohnung. Meine Nachbarn hörte ich zocken, reden, gackern, stöhnen.

„Horch mal! Was für eine Stille!", sagt mein Freund immer, wenn wir in den Bergen sind. Oft habe ich mich schon darüber lustig gemacht. Doch je älter ich werde (wow, das klingt nach Stützstrumpf und Gehstock), desto mehr sehne ich mich nach einer weniger aufdringlichen Geräuschkulisse.

In Bas Kasts Buch „Ich weiß nicht was ich wollen soll" habe ich gelesen, dass sich der Lärm tatsächlich durch unsere Köpfe frisst. So unterscheiden sich Gehirnscans von Großstadtmenschen von denen, die auf dem Land leben. Der Stress, der Lärm und die Reize, die Baustellen und Partys, der Verkehr und die ständige Suche nach dem Parkplatz – all das zeichnet im Gehirn eine Karte der Überlastung. Doch nicht nur der Lärm und die Reize, auch die Flut an Auswahlmöglichkeiten stressen uns. So schreibt das Introvertier Gisele Bündchen in ihrer Biografie, dass sie ihre Panikattacken auch mit ihrem damaligen Leben in der Großstadt in Verbindung bringt.

Deshalb suche ich neben Zeit allein bewusst Momente der Ruhe – ohne Stadtlärm oder Kindergeschrei. Am liebsten höre ich dabei dem Rauschen der Bäume im Wald, dem Wind in den Bergen oder dem Fließen von Wasser zu. Dann schließe ich die Augen und atme bewusst ein und aus. Ich empfinde es als großes Privileg, dass ich so viel Kraft, Beruhigung, Inspiration und Glückseligkeit aus der Natur ziehen kann und eine entsprechende Wertschätzung für sie habe. Gerade in mental herausfordernden Zeiten, nach einem Streit oder vor anstrengenden Meetings wirken Naturgeräusche wie Balsam für meine Seele und beruhigen meinen Geist.

Die introvertierte Autorin Eva Lohmann schreibt in ihrem Buch „So schön still", dass sie im Alltag mit ihrer extrovertierten Tochter Kopfhörer nutzt, um sich von der Geräuschkulisse abzuschirmen. Natürlich hat sie dabei ihre Tochter im Blick, die schon groß genug ist, um sich bemerkbar zu machen. Ich nutze Kopfhörer auf

Zugfahrten, um die Außenwelt abzuschirmen und mich
vor Gesprächen mit Fremden zu wahren.

Inzwischen wohne ich mit meiner Familie in einer sehr
ruhigen Straße, die von wunderschönen Bäumen gesäumt
ist. Ich bin froh, dass wir im Angesicht des deprimieren-
den Immobilienmarktes unsere Wunschvorstellung einer
friedlichen Umgebung nicht aufgegeben haben, da die
Stille (trotz Stadtnähe) sehr gut für meinen Ruhenerv, den
Parasympathikus, ist.

KRAFTQUELLE 3: TIERE UND KINDER

"Dogs never bite me, just humans."

Marylin Monroe

Ich habe mich schon immer für Tiere begeistert und habe einen besonderen Draht zu ihnen. Schon als kleines Mädchen lag ich meist leicht verdreckt und ordentlich zerzaust mit den Hunden auf dem Boden (und tue das bis heute). Auch Kinder zog ich an wie ein Magnet, vermutlich weil ich chaotisch und fantasievoll war.

Mit Tieren und Kindern kann ich in eine andere Welt abtauchen, in der die Natur beschützt ist, Schokolade durch Bäche fließt und die Fantasie ohne Grenzen Purzelbäume schlagen darf.

Meine Hündin Fari begleitet mich seit elf Jahren und ist so vieles: Freundin, Wegbereiterin, Therapeutin, Personal Trainerin, Stressmanagerin.

Nie wich sie von meiner Seite, war immer da, selbst als mein damaliger Freund nicht mehr da war. Wenn es mir nicht gut geht, legt sie ihre warme Schnauze auf mein Bein und stupst: „Hey, sei nicht so traurig, lass uns rausgehen."

Hunde haben sehr gute Instinkte, sie merken, wenn wir traurig sind und Beistand brauchen. Genau wir Menschen verfügen sie über Spiegelneuronen im Gehirn, mit denen sie die Stimmungen ihrer Menschen registrieren können. Es sind diese besonderen Gehirnzellen, welche zu großen Teilen dazu beitragen, dass wir Empathie empfinden können.

Genau wie Fari ist auch mein Sohn, der Wicht(el), ein großartiger Wegbegleiter. Seine neugierige Seele spinnt Geschichten, verteilt Umarmungen und tanzt Pirouetten.

Ich feiere meine kleine Gang, die mich jeden Tag zum Lachen bringt und die in so vielen Dingen mein Vorbild ist, sodass ich mir dicke Scheiben von ihr abschneide. Denn sind wir mal ehrlich: Tiere und Kinder sind Profis darin, den Moment zu genießen.

Mit meinem Duo kann ich durchatmen, denn ihnen ist es herzlich egal, ob ich laut, leise oder in mich gekehrt bin und der Wicht(el) lacht selbst über meine schlechtesten Witze. Beide stellen keine Erwartungen an meine Persönlichkeit, gemeinsam zelebrieren wir unsere Macken. Das empfinde ich als große Entspannung.

Außerdem stehen Hunde und Kinder so wunderbar für ihre Bedürfnisse ein und bringen mir bei, wie das geht mit dem gesunden Egoismus. Beide sind neugierig und jubeln über die kleinen Dinge, lieben die Natur und brauchen wenig, um glücklich zu sein. Sie sind begeisterungsfähig, verkuschelt, liebevoll und authentisch. Sie machen einfach, probieren sich aus und sind dabei frei von inneren Grenzen und Scham.

Hinzu kommt, dass Kinder und Hunde Brücken zu Fremden bauen. Wie an einem unsichtbaren Band ziehen sie die Mundwinkel der Menschen nach oben. Oft grinsen mich die Leute auf der Straßen an, wenn mir Fari eine Pfote in den Schoß legt oder der Wichtel seine Tänzchen aufführt. Plötzlich können die Menschen lachen und Komplimente machen.

Der Grund, warum ich Tiere, Babys und kleine Kinder so sehr schätze ist, dass sie entwaffnend ehrlich sind. Sich nicht verstellen, um zu gefallen. Bedürfnisse nicht unterdrücken. Nicht bewerten. Weniger berechnend handeln. Liebe einfach zeigen.

KRAFTQUELLE 4: BÜCHER

„Von allen Welten, die der Mensch erschaffen hat, ist die der Bücher die Gewaltigste."

Heinrich Heine

Es ist nicht übertrieben, wenn ich sage, dass ich die Hälfte meines Geldes für Essen und Bücher ausgebe.

Wenn ich gut geschriebene Texte lese oder Bilder sehe, die Menschen mit Sprache zeichnen, ist das für mich wie Schokoladeessen: süß und mit Genuss verbunden. Dann tauche ich in einen Kurzurlaub ein und lasse mich von den Geschichten spannender Figuren auf neue Gedankenpfade in meinem Kopf führen.

Bücher sind für mich Wegbegleiter, Inspiration, Perspektivöffner, Alltagsverschönerer, Trostpflaster und Mutmacher. Auf meinem Handy habe ich einen Ordner, in dem ich Zitate, Redewendungen, Formulierungen, Sätze sowie Ratschläge sammele, die mich beeindruckt oder bereichert haben und die ich gern immer wieder lesen möchte.

Meine liebsten Bücher sind Biografien. Gibt es etwas Spannenderes, als für einen Moment aus dem eigenen

Leben in das Leben anderer Persönlichkeiten zu schlüpfen? Wie ermutigend und inspirierend. Ich lese auch gern Ratgeber und stecke mir Tipps von Experten in die Hosentasche.

Schon als Introvertierchen konnte ich es kaum erwarten, lesen zu lernen. Eine meiner schönsten Kindheitserinnerungen ist, wie Papa uns jeden Abend aus „Der Herr der Ringe" vorlas. Jetzt, wo ich selbst Mama bin, beobachte ich mit großer Begeisterung, wie mein Sohn Bücher anschleppt und in freudiger Erwartung auf meinem Schoß einparkt. Insgeheim hoffe ich natürlich, dass er ein genau so großer Bücherfan wird wie ich.

KRAFTQUELLE 5: SOCIAL MEDIA

„Bei Social Media geht es um Menschen. Um Kommunikation. Um Psychologie und Soziologie."

Vielleicht wundert ihr euch, dass ich Social Media auf die Liste der Dinge aufgenommen habe, die mir Kraft schenken. Sind es nicht Instagram und Co, die den Vergleich mit anderen Lebenssituationen befeuern und uns damit nicht nur viel Zeit, sondern auch gute Gefühle stehlen?

Ich nutze die Apps in meinem Kraftkoffer als diagnostisches Tool, das mir eine tagesgenaue Auskunft über mein inneres Befinden gibt. An Tagen, an denen ich mich unsicher oder ängstlich fühle, triggert mich Instagram schnell. Mithilfe von Social Media kann ich entscheiden, ob es gesund für mich ist, viel Zeit in den Apps zu verbringen und aus der Realität in eine gefilterte Zuckerwattenwelt einzutauchen.

Es gibt tatsächlich Studien, die zeigen, dass nach innen gekehrte Persönlichkeitstypen online häufig mehr intime Details preisgeben als Extrovertierte. Wer darauf achtet, wird merken, dass sehr viele Blogger Introvertier(t)e sind. Auch ich als Introvertier verbringe gern Zeit hier, meist sogar mehr als meine Freunde.

Doch was finden Introvertier(t)e am Filter-Wonderland Instagram? Ich habe mal überlegt, was mich an der App eigentlich reizt:

Ich mag Instagram, weil es ein Ort ist, an dem ich Kreativität leben, Ästhetik in Fotos und Texten kreieren und konsumieren kann. Die Plattform ermöglicht es mir, einer meiner Lieblingsbeschäftigungen nachzugehen: Menschen beobachten. Ich kann Leuten folgen, mit denen ich im wahren Leben nicht befreundet wäre, die mich aber trotzdem inspirieren. Ich kann meine Meinung äußern. Ich kann Ideen weitergeben, mich von einer anderen Seite zeigen. Ich bin durch Instagram auf sehr viele Dinge aufmerksam geworden, die mich geformt und weitergebracht haben. So habe ich das Introvertier durch Instagram entdeckt und durch online-Workouts zum Sport gefunden.

Auch dieses Buch habe ich wegen dieser App geschrieben: Sie hat mir viele meiner Stärken aufgezeigt und mich mit meinen Schwächen sowie Triggern konfrontiert. Und genau das hat mein Bewusstsein erweitert und Hinweise dafür geliefert, wo ich bei mir hingucken und tiefer graben darf.

Wenn ich Neid beim Konsum von Instagram Neid empfinde, versuche ich, diesem Gefühl auf den Grund zu gehen. In der Vergangenheit guckte ich zum Beispiel neidisch auf Leute, die Experten auf einem Gebiet waren und eine Bestimmung im Leben gefunden hatten, der sie sich mit vollem Herzblut widmeten. Ich beneidete Autoren toller

Texte oder Kolumnisten. Doch das gab mir den Anstoß, selbst mit dem Schreiben von Büchern zu beginnen. Zudem weiß ich nun, dass ich Expertin für ein Thema bin, von dem ich 33 Jahre keine Ahnung hatte: Ich weiß, wie es ist, als Introvertier(t)e durchs Leben zu gehen.

Das Tückische an den sozialen Medien ist neben den Internettrollen, dass sie vor allem für Introvertier(t)e wie ein Fluchtort funktionieren oder, wie es der Psychologe Lukas Klaschinski beschreibt, als „Fastfood fürs Herz". Hierher können sich Introvertier(t)e flüchten, wenn sie auf der Party allein dastehen oder nach Feierabend keine Lust mehr auf die „echte Welt" haben. Hier können sie ein Bild von sich kreieren, das ihrer Wunschvorstellung entspricht. Hier können sie sich der Illusion hingeben, sozial gut eingebunden zu sein. Auf alle Fälle fällt es Introvertier(t)en leichter, sich in Apps zu verlieren, als wahre Freunde zu finden. Die Stunden, welche sie mit Scrollen verbringen, könnten sie auch in echte Verbindungen investieren. Und dem am Handy festgeleimten Blick entgeht vieles, das sehenswert wäre.

Trotz allem mag ich Social Media, insbesondere, wenn ich meinen Onlinekonsum bewusst gestalte. An herausfordernden Tagen versuche ich, die Apps zuzulassen. Profile, die meinen Selbstwert beschneiden, entferne ich. Auf Spaziergängen nehme ich kein Handy mit und bei Freunden bleibt es in der Tasche.

KRAFTQUELLE 6: SPORT

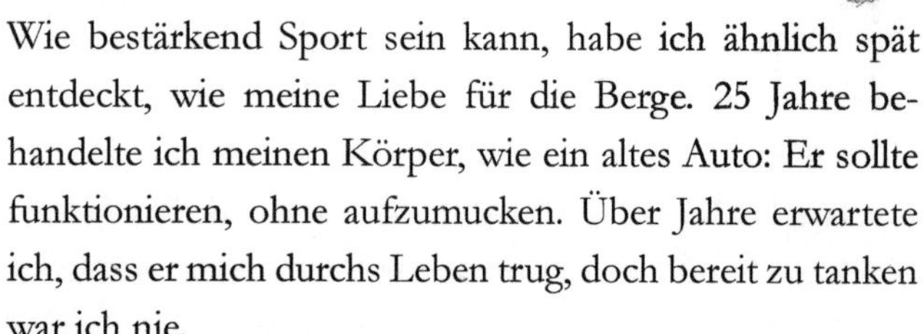

Wie bestärkend Sport sein kann, habe ich ähnlich spät entdeckt, wie meine Liebe für die Berge. 25 Jahre behandelte ich meinen Körper, wie ein altes Auto: Er sollte funktionieren, ohne aufzumucken. Über Jahre erwartete ich, dass er mich durchs Leben trug, doch bereit zu tanken war ich nie.

Zum Sport kam ich erst mit dem Einstieg ins Arbeitsleben: Da ich mich in meinem Bürojob unausgelastet fühlte, begann ich zu laufen. Ich joggte als blutiger Anfänger erst 500 Meter, dann einen Kilometer, irgendwann fünf. Ich begann wieder zu tanzen, eine Sache, die mir immer schon durch Trennungen geholfen hatte, weil es mich in den Zustand des „Flows" brachte, den Psychologen als einen Schlüssel zum Glück sehen.

Tätigkeiten, bei denen du im Flow bist, sind solche, die dich in Ekstase versetzen, deinen Kopf leeren und die Zeit verfliegen lassen. Neben dem Schreiben löst Tanz diesen Zustand bei mir aus. Dasselbe Gefühl entdeckte ich beim Wandern wieder, weshalb ich mein ganzes Leben lang Texte schreiben, auf Berge steigen und das Tanzbein schwingen werde.

Durch meinen heutigen Freund, der als Orthopädietechniker mit vielen neurologisch erkrankten Patienten arbeitet, weiß ich es jeden Tag zu schätzen, dass ich gesund bin und mich schmerzfrei bewegen kann.

Ebenso möchte ich mich bei meinem Körper dafür entschuldigen, was ich ihm so lange Zeit angetan habe. Ich möchte ihn stärken für die Belastungen des Alltags, ihm bewusst Zeit und Aufmerksamkeit schenken. Ein toller Nebeneffekt von Bewegung ist, das sie meinen Kopf von Sorgen befreit: Wenn ich in der Früh durch die verschlafene Stadt jogge, um dann in den See zu springen, möchte ich den Moment umarmen.

Leider, so habe ich gelesen, machen die wenigsten introvertierten Menschen Sport. Ich kann mir schon vorstellen warum: Zu viele Reize, zu viele Menschen, zu groß die Schwelle aus dieser verflixten Komfortzone rauszukommen.

Trotzdem möchte ich JEDEM ans Herz legen, nach Tätigkeiten zu suchen, die diesen magischen Flow auslösen (das kann alles Mögliche sein) und es mal mit Sport zu probieren. Dabei geht es nicht nur um die nette Figur, es geht darum, dass der Kopf gesund bleibt. Denn: Sport tut der Seele gut. Zwar ersetzen Workouts keinen Psychologen, doch sie schubsen die richtigen Neurotransmitter an und halten die schlechten im Zaum.

Ich wünsche jeder/m Essgestörten von Herzen, dass sie/
er es schafft, dankbar zu sein für den eigenen Körper, der
jeden Tag abliefert. Füllt Euer Leben mit Leuten und Ge-
nüssen, statt mit Einsamkeit und Kontrolle.

Die Kunst für bisherige Sportmuffel ist es, einfach los-
zulegen und etwas zu finden, das zur eigenen Persönlichkeit passt.

Gerade Introvertier(t)e werden zu 100 Prozent von einer
besseren Körperhaltung und dem Selbstvertrauen profitieren, das Sport einem schenkt. Denn das Coole daran
– und das ist kein Geschwafel: Selbstakzeptanz lässt sich
tatsächlich herbeisporteln.

*„Den eigenen Körper liebend zu akzeptieren ist
eine große Aufgabe. Für manche hält die Arbeit
hierfür ein Leben lang an.“*

Madeleine Darya Alizadeh

Introvertier trifft Schweinehund – wie fange ich an?

- Triff eine Entscheidung.
- Probiere unterschiedliche Sportarten aus.
- Beweg dich an der frischen Luft, nutze die Natur als Fitnessstudio.
- Bleib dran, auch wenn es zu Beginn keinen Spaß macht.
- Feiere jedes Erfolgserlebnis.
- Passe deine Sport-Zeit an deine natürliche Wohlfühlzeit an (es gibt je bekanntlich Morgen/Abendmenschen).
- Leg LOS!

KRAFTQUELLE 7: DAS SCHREIBEN

„Schreiben ist wie Atmen,
natürlich und selbstverständlich."

Silke Heimes

In den letzten fünf Jahren ist kaum ein Tag vergangen, an dem ich nicht geschrieben habe. Ich schrieb, als ich mental am Boden war, um meinem Tag Struktur zu geben und an besseren Tagen einen kleinen Smiley hinter meine Texte zu malen. Genauso schrieb ich mir die Ängste von der Seele, als ich in einer fremden Stadt schwanger wurde, und konservierte so meine Emotionen als frischgebackene Mama.

Introvertier(t)e sind gut darin, ihre Gedanken über den Stift aufs Papier fließen zu lassen. Das ist eine große Ressource. Wenn in meinem Kopf die Sorgen Karussell fahren und jede Form der Klarheit unmöglich machen, ermöglicht das Schreiben mir einen Ausgang aus diesem „Jahrmarkt des Jammers".

Ein Blatt Papier verurteilt nicht. Dort darf ich träumen, abkotzen, peinlich und kindisch sein. Ich kann meine Gefühle rauslassen, mich ausprobieren oder einfach nur Geschichten erzählen. Per Stift kann ich ausschreiben, was mir sonst nicht über die Lippen kommt.

Wenn ich schreibe, bin ich im Flow und lebe meine Potenziale. Das zaubert mir ein Gefühl der Zufriedenheit in den Bauch und schenkt mir Kraft.

Die Professorin für Kunsttherapie und Gründerin des Instituts für Kreatives und Therapeutisches Schreiben Silke Heimes bestätigt in ihren Büchern das, was ich beim Schreiben erfahre und für Introvertier(t)e als wertvoll erachte: „Schreiben ist ein aktiver Vorgang, der einen beruhigenden Effekt auf den Körper hat. (…) Schreiben führt zur Entschleunigung in einer hektischen Welt. (…) Sich schreibend vorwärtszubewegen ist eine mutige und kluge Handlung. Das Schreiben kann ungeahnte Kräfte freisetzen und uns zu einem neuen Standpunkt verhelfen.“

WARUM SCHREIBEN?

Beim Schreiben setzt du dich mit dir selbst und deiner Biografie auseinander.

Das schafft Klarheit über deine Denk- und Verhaltensmuster, eröffnet dir Zugang zu den eigenen, inneren Kraftquellen und ermöglicht, dass du einen tiefgründigen Kontakt zu dir und deinem Umfeld aufbaust, nach dem sich Introvertier(t)e sehnen.

Das Schreiben gibt dir die Möglichkeit, deine Gedanken und Gefühle zu ordnen.

Wenn du schreibst, räumst du deinen Kopf auf und schaffst damit Platz im Dachstübchen bzw. durchbrichst den Zustand des verkopften Grübelns. So kannst du zum Beispiel auch wichtige Gespräche vor- und nachbereiten.

Schreiben schafft den Raum, um über deine Reaktionen sowie die deiner Mitmenschen nachzudenken und sie zu verstehen.

So kannst du mit etwas Distanz und Ruhe auf Konflikte blicken und deine Schlüsse aus ihnen ziehen.

Durchs Schreiben erlangst du eine bessere sprachliche Kompetenz und ein größeres Ausdrucksvermögen.

Je häufiger du schreibst, desto leichter wird es dir fallen, das auszudrücken, was tatsächlich in dir ist. Dies kann Introvertier(t)en zum Beispiel in Auseinandersetzungen oder Diskussionen helfen, ihren Standpunkt besser zu kommunizieren.

Beim Schreiben lässt du dich selbst zu Wort kommen und nimmst dich somit ernst.

Wichtig! Denn Introvertier(t)e neigen zu Zurückhaltung und hören in Gesprächen eher zu.

Schreiben schult deine Aufmerksamkeit und verbessert die Konzentration.

Zwar sind Introvertier(t)e gut darin, konzentriert zu arbeiten, doch sie werden besonders von der Reizüberflutung unserer Gesellschaft heimgesucht und müssen lernen, sich zu fokussieren, gerade, weil ihr Kopf vieles intensiver wahrnimmt.

Schreiben beruhigt den Körper.

Regelmäßiges Schreiben verlangsamt den Herzschlag, wodurch der Blutdruck sinkt. Zudem kann das Zu-Papier-Bringen von Sorgen oder Ideen, die dich vom Einschlafen abhalten, für eine bessere Bettruhe sorgen.

Schreiben stärkt das Selbstbewusstsein.

Ein Textstück zu erschaffen, via Brief endlich das auszusprechen, was uns auf dem Herzen liegt, ein Journal voll mit den Ups and Downs des Lebens – all das sind Dinge von Wert, auf die du zu Recht stolz sein darfst.

Schreiben schult den Blick nach vorn und zeigt Lösungen auf.

Wer schreibt, reflektiert sich selbst und wird damit aktiv. Wenn du auf dem Papier deine Erlebnisse und Gedanken konservierst, kannst du die Angst ablegen, dass diese in Vergessenheit geraten und stattdessen den Blick auf den Moment und die Zukunft richten.

Schreiben ist eine Spielwiese für Kreativität und Fantasie, auf der es nicht um Leistung geht.

Wichtig! Denn Introvertier(t)e sind oft (zu) hart zu sich.

KRAFTQUELLE 8: TAPETENWECHSEL

„Wenn ich immer an dieselben Wände starre, fällt mir die Decke auf den Kopf."

Ich war schon immer gern unterwegs und neugierig gegenüber neuen Orten. Seit ich meine Kraftorte kenne, das Pendeln an den Nagel gehängt habe und es mir in einem Nest gemütlich machen durfte, suche ich regelmäßig Klarheit und Inspiration durch den Ausbruch aus dem Gewohnten.

Das können kleine Tapetenwechsel im Alltag sein. Zum Beispiel, indem ich meinen Arbeitsort zu einer Freundin oder in ein Café verlagere. Oder mal an einen anderen Ort fahre, um Hund und Kind zu lüften. Manchmal braucht mein Geist aber auch einen größeren Abstand von den Verpflichtungen und der Hektik des Alltags: Weite, Wärme, Meeresrauschen oder das Pfeifen von Murmeltieren auf Gebirgswiesen.

Bevor mein Sohn geboren wurde, bin ich sehr gern allein für einen Tag ans Meer gefahren oder in eine Stadt, die ich nicht kannte. Als der Wicht(el) dann da war, kam die große Umstellung und ich musste die Tapetenwechsel babygerechter gestalten. In meiner Elternzeit ging ich in die Bibliothek oder den Buchladen um die Ecke und genoss das Gefühl, unter Erwachsenen zu sein (ohne zwangsläufig mit ihnen sprechen zu müssen). Diese Ausflüge waren essenziell, um die Löcher in meinem Nervenkostüm zu stopfen, ließen mich Kraft tanken und räumten meinen Kopf für neue Ideen frei.

Inzwischen ist der Wicht(el) etwas größer und erlaubt mir wieder mehr Freiräume. Wenn ich etwas für meinen Kopf machen darf und bei Freundinnen übernachte, merke ich, dass unsere Familienhöhle am kuschligsten ist, wenn ich sie ab und zu vermissen kann.

Außerdem nehme ich mir bewusst Quality-Time mit meinem alten Mädchen Fari. Als eingespieltes Team erkunden wir gern immer neue Ecken und Wege. Ich weiß nicht, wie lange sie uns noch begleiten wird, und möchte ihr daher viel Aufmerksamkeit und Liebe schenken.

Ich empfinde es nun als noch wertvoller und wichtiger, immer wieder aus meinem Alltag auszubrechen und den ewigen Trott aus Arbeit, Kind abholen, Kochen und Waschen zu verlassen. Tapetenwechsel tanken nicht nur die Geduld wieder auf, sondern zaubern auch die Vorfreude auf den ganz normalen Familienwahnsinn zurück.

KRAFTQUELLE 9: NICHTS TUN

„Kreativität ist wie eine Katze. Sie kommt, wenn du sie in Ruhe lässt."

Mein Freund sagt immer, dass meine Gedanken wie Eichhörnchen sind, die von einem Baum zum nächsten hüpfen. Es ist tatsächlich so, dass sich mein introvertiertes Köpfchen überaus neugierig ist. Bei den vielen Dingen, die mich interessieren, fällt es mir schwer, innezuhalten. Da mein Gehirn ständig neue Ideen produziert, die dann nach einer sofortigen Umsetzung schreien, bin ich permanent unter Strom. Das wiederum erdrückt meine Kreativität, aus der ich Kraft ziehen und Inspiration schaffen kann.

Tendenziell plane ich gern zu viel und überschätze die Kapazität meiner sozialen Akkus regelmäßig. Mein Kopf ist dann müde, aber in der Vergangenheit gönnte ich ihm kaum eine Pause. Früher habe ich mich oft nach langen Tagen zum Schreiben gezwungen und dann verärgert festgestellt, dass der Output mickrig und das Geschriebene schlecht war. Es ist nun mal so: Kreativität ist wie eine Katze. Je mehr du sie zwingen willst, etwas zu tun, desto weniger wird sie sich blicken lassen. Sie bestimmt, wann sie zu dir kommen möchte, und das ist meist dann, wenn du sie in Ruhe lässt.

Bis heute kostet es mich viel Überwindung, keine To-dos zu planen bzw. diese zu verwerfen. Ich hasse das Gefühl der Ineffizienz und habe lange gebraucht, um zu verstehen, dass das Nichtstun eine der effizientesten Formen der Schaffenskraft ist.

Noch vor zwei, drei Jahren hielt ich mich dauerbeschäftigt, weil ich Angst vor meinen Gedanken hatte, die in Ruhe laut zu werden drohten. Doch seitdem ich zugelassen habe, dass auch Ängste und schwarze Gedanken durch meinen Körper spuken durften, ist ein Großteil des Schreckens verflogen.

Nachmittage auf dem Sofa, bei der Massage oder vor einer leeren Leinwand streicheln nicht nur meine Seele, sondern fegen auch mein introvertiertes Köpfchen aus. Es ist, als ob die Ruhe für Körper und Geist dazu führt, dass ich kreative Gedanken wieder höre bzw. diese den Platz haben, sich in mir auszubreiten.

Dann beginnt die Quelle der Kreativität zu sprudeln und ich kann Ideen daraus schöpfen – ein Gefühl, das mir neue Kraft schenkt und für innere Zufriedenheit sorgt.

Damit das Nichtstun noch schöner wird:

- Wohlfühlatmosphäre schaffen – kurz aufräumen, dann z. B. Licht dimmen und Kerzen anzünden

- Handy aus, bzw. bewusst zur Berieselung nutzen, wenn es dich entspannt
- Fenster auf, frische Luft einatmen
- Soulfood essen
- Jogginghose oder bequeme Kleidung
- Heimliche Sehnsüchte befriedigen, die man sich sonst nicht erlaubt und die einem vielleicht auch ein bisschen peinlich sind (z. B. Klatschzeitungen lesen, Trash TV suchten)

KRAFTQUELLE 10: ANDERE INTROVERTIERTE PERSÖNLICHKEITEN

"I have to be alone very often. I'd be quite happy if I spent from Saturday night until Monday morning alone in my apartment. That's how I refuel."

Audrey Hepburn

Im Zuge meiner Recherchen für dieses Buch habe ich viele Texte von und über introvertierte Persönlichkeiten gelesen: Gisele Bündchen, Ghandi, Albert Einstein, Audrey Hepburn, Eleanor Roosevelt, Marylin Monroe.

Beim Eintauchen in die Lebensgeschichten dieser tollen Menschen überkam mich ein schönes, fast magisches Gefühl, genau wie bei der Lektüre von „Still". Sich in den Worten fremder Menschen wiederzufinden und ihre Gedanken sowie Ängste als Spiegel zu nutzen, leerte meinen emotionalen Rucksack und erlaubte mir, mich weniger allein zu fühlen.

Es hat mir Kraft gegeben und mich dazu inspiriert, zu sehen, wie Introvertier(t)e ihr Leben gestalten, Herausforderungen begegnen und vor allem welche großartigen Dinge sie kreieren.

Allerdings ist mir aufgefallen, dass viele Introvertier(t)e einen Hang zu Schwermütigkeit haben, verkopft sind und daran scheitern, ein unbeschwertes Leben mit glücklichen Beziehungen zu führen. Das nutze ich als Reminder für mich (und euch), mich zu bemühen, die Leichtigkeit im Leben zu finden. Auf der ständigen Suche nach Tiefe muss es auch alberne Momente geben, die leicht wie Seifenblasen sind.

I'm an introvert. I love being by myself, love being outdoors, love taking a long walk with my dogs and look at the trees, the flowers, the sky.
– **Audrey Hepburn**

Creativity is intelligence having fun.
– **Albert Einstein**

I think, at a child's birth, if a mother could ask a fairy godmother to endow it with the most useful gift, that gift should be curiosity.
– **Eleanor Roosevelt**

Quiet people have the loudest minds.
– **Stephen Hawking**

No need to hurry. No need to sparkle. No need to be anybody but oneself.
– **Virginia Woolf**

E-mail is far more convenient than the telephone, as far as I'm concerned. I would throw my phone away if I could get away with it.
– **Tom Hanks**

ÜBUNGSFELDER FÜR MEHR SELBSTVERTRAUEN

„Vermeintliche Schwächen sind auch nur Fähigkeiten, die du wie einen Muskel trainieren kannst."

Neben Kraft und Inspiration gibt es eine weitere Sache, die Introvertier(t)e in unserer extrovertierten Welt brauchen: mehr Selbstvertrauen.

Vertrauen in ihre Stärken, Vertrauen in ihre Fähigkeiten und sogar in ihre Schwächen.

Generell ist das Leben leichter, wenn du dich im Falle von Angst und Vertrauen für das Vertrauen in dich selbst entscheidest. Folge deiner Neugier und lass die Unsicherheiten beiseite.

Ich weiß: Einfacher gesagt, als es zu leben.

Auch ich habe mein Selbstvertrauen über Jahre gießen müssen, damit es wachsen konnte. Dabei bin ich manchmal zwei Schritte vor und drei zurückgegangen. Das Entscheidende war, weiterzugehen und das Durchhaltevermögen meines Introvertiers und seine Stärken zu nutzen.

Neben dem Stärken meiner Stärken habe ich auch den Schwächen mit Wohlwollen „Hallo" gesagt. Dabei ist mir aufgegangen, dass ein Großteil meiner vermeintlichen Handicaps eigentlich Fähigkeiten sind, die ich trainieren kann. Aus diesem Blickwinkel bleiben neben Stärken und bestehenden Fähigkeiten eigentlich nur noch mehr Fähigkeiten – wie großartig ist das?

Eine Fähigkeit, die sich besonders lohnt zu trainieren, ist die Kommunikation. Wer gut kommuniziert, arbeitet nicht nur für seine Beziehungen, sondern steht für sich ein. Das wiederum füttert die Selbstachtung.

Und ja, Introvertier(t)e haben in diesem Bereich Schwächen. Es fällt ihnen oft schwer, sich gegenüber Fremden zu öffnen, locker zu plaudern oder schwierige Themen anzusprechen. Doch genau wie das Schreiben ist die Kommunikation ein Handwerk, das mit der Zeit und vielen Wiederholungen leichter wird. Ähnliches gilt für das Auf-Leute-Zugehen, das Netzwerken oder das Halten von Vorträgen.

Das heißt nicht, dass du dich ändern oder extrovertierter werden musst. Du hast viele Stärken, die du stärken, und Schwächen, die du akzeptieren darfst. Außerdem wohnen in jedem von uns jede Menge Fähigkeiten, die nur darauf warten, ausgebaut zu werden.

In den nächsten Kapiteln widme ich mich genau diesen.

Kurzer Reminder zu introvertierten Stärken:

- Naturverbundenheit + Tierliebe
- Kreative Schaffenskraft
- Sprachgewandtheit
- Emotionale Intelligenz, Empathie
- Disziplin
- Selbstgenügsamkeit
- Fähigkeit zu Eigenverantwortung
- Intellektuelle Tiefe

ÜBUNGSFELD 1: ALLGEMEINE KOMMUNIKATIONS-SKILLS

Kommunikation funktioniert wie ein Schlüssel. Weißt du ihn zu nutzen, werden sich zahlreiche Türen öffnen, hinter denen bessere Beziehungen, Wachstum und jede Menge Chancen warten.

Mein Introvertier hat in diesem Bereich mehr als genug Baustellen und ist damit ein typischer Repräsentant der Introvertier(t)e(n): Es telefoniert nicht gern und mag keinen Smalltalk, es scheut den Konflikt und das Gespräch mit Fremden.

Gerade bei beruflichen Zusammenkünften stand ich mir dabei oft selbst im Weg. Deshalb habe ich begonnen, Bücher über das Thema zu lesen (was auch sonst?) und meine mageren Kommunikationsskills zu trainieren. Aber ich kenne auch meine Stärken und arbeite mit ihnen.

Folgende Stärken haben Introvertier(t)e im Bereich Kommunikation:

- Sie hören gut zu.
- Sie haben eine gute Auffassungsgabe.
- Sie interessieren sich für Menschen und können sich für viele Themen begeistern.
- Sie sind sprachgewandt.

- Sie sind empathisch.
- Sie sind feinfühlig und verfügen über emotionale Intelligenz.
- Sie sind kreativ.

Welche Stärken hat dein Introvertier in Sachen Kommunikation? *Schreib dir eine Liste!*

Kommunikationsstrategien, die ich hilfreich finde

Der größte Türöffner im zwischenmenschlichen Miteinander ist aufrichtiges Interesse am Gegenüber. Wer ehrlich wissen will, was der andere zu sagen hat, und Neugier ausstrahlt, wird mit guten Gesprächen und Verbundenheit belohnt.

Offene statt geschlossene Fragen stellen:
Also statt „Gefällts dir hier?" fragen „WAS gefällt die hier auf der Feier?" -> Da dein Gegenüber darauf nicht mit ja oder nein antworten kann, entsteht ein besserer Redefluss.

Ich- statt Du-Botschaften:
„Ich habe den Eindruck, dass …" oder „Ich würde mir wünschen, dass …" statt „Immer machst du die Dinge so und so …". Du-Botschaften wirken vorwurfsvoll und bewertend, Ich-Botschaften wirken neutraler, weniger bewertend. Mit ihnen kannst du ausdrücken, wie du zu einem Sachverhalt stehst, und dein Problem formulieren, ohne deinem Gegenüber vor den Kopf zu stoßen.

Paraphrasieren:

Das Gesagte des Gegenübers in eigenen Worten wiederholen. Das signalisiert, dass man gut zugehört hat, und schafft Vertrauen.

Aktiv zuhören:

Blickkontakt halten, nicken, Interesse verbalisieren – aha, mhm.

Störfaktoren ausschalten:

Handy (!), Lautstärke der Umgebung, Ego …

Bestimmte Wörter meiden, die vorwurfsvoll und verallgemeinernd sind:

- immer
- man etc.

ÜBUNGSFELD 2: NONVERBALE KOMMUNIKATION

„Du bist glücklich? Dann kommuniziere es deinem Gesicht."

Wir kommunizieren zu 90 Prozent nonverbal. Unsere Körpersprache beeinflusst, wie uns andere wahrnehmen, noch bevor wir den Mund aufmachen, und funktioniert somit wie ein Aushängeschild unserer Persönlichkeit.

Verschränkte Arme, nach vorn fallende Schultern und ein gesenkter Blick wirken abweisend und verschlossen, wohingegen eine aufrechte Haltung, ein wacher, interessierter Blick, ein ehrliches Lächeln sowie ein zugewandter Oberkörper das Gegenüber willkommen heißen und eine sympathische, offene Wirkung zeigen.

Dass die nonverbale Kommunikation meines Introvertiers suboptimal ist, wurde mir bereits von unterschiedlicher Seite berichtet. So stand in meinem Abi-Buch der Kommentar: „Man darf sich vom ersten Eindruck nicht täuschen lassen, ein wirklich nettes Mädel." Meine Kollegin erzählte mir, dass andere Kollegen sie gefragt hätten, warum ich ihnen stets so böse Blicke zuwerfen würde. Und ein Nachbar rotzte mir mal entgegen, dass ich nicht immer so eine „Fresse" ziehen solle.

Puh!

Ich scheine wohl öfters mit strenger Miene und gesenktem Blick herumzulaufen. Insbesondere wenn mein sozialer Akku leer ist oder ich mich gestresst fühle, gucke ich nach unten, weil ich nicht angesprochen werden möchte. Kein Wunder, dass ich nach außen verschlossen, distanziert oder sogar arrogant wirke.

Um meine Ausstrahlung als „Grumpy-Cat" abzulegen, versuche ich, bewusst meinen Kopf zu heben und meinen ganzen Körper wie einen stolzen Baum nach oben wachsen zu lassen. Ich suche Blickkontakt und lächle freundlich (aber nicht aufgesetzt).

Beim Gehen stelle ich mir oft vor, dass ein Buch auf meinem Kopf balanciert. Das hilft mir, meinen Körper aufzurichten, die Schultern locker zu lassen und meine Füße im Boden zu verwurzeln.

Schon mehrfach haben mir Yogalehrer und Fitnesstrainer davon berichtet, dass eine gute und aufrechte Körperhaltung nicht nur wichtig für die Wirkung auf andere ist, sondern auch für die eigene Stimmung. So ist es viel einfacher, positiv zu denken und sich selbstbewusst zu fühlen, wenn man mit wachem Blick geradeaus geht, als wenn der Rücken leicht gekrümmt ist und Kopf sowie Schultern hängen. Leuchtet sofort ein, finde ich.

Zudem raten Coaches immer wieder zu sogenannten „Power-Posen". Dabei soll man den ganzen Körper groß machen und sich zum Beispiel hinstellen wie eine Superwoman, die sich mit wehendem Umhang dafür bereit macht, die Welt zu retten. Ich gebe zu, das klingt erst einmal lächerlich. Ich aber bin ein Fan davon, all diese Dinge einfach mal auszuprobieren.

Worauf du in Zukunft achten bzw. was du üben kannst:

- Körper aufrichten
- Blick nach vorn
- Mundwinkel hoch
- Dem Gegenüber in die Augen blicken
- Schultern locker
- Brustkorb öffnen
- Arme nicht verschränken
- Fitness, Yoga, Pilates, Tanz – alles gut für eine bessere Haltung
- Feedback von Kollegen, Partner, Freunden und Familie in Bezug auf deine Körpersprache einholen

ÜBUNGSFELD 3: KONFLIKTE

*„Nicht jene die streiten sind zu fürchten,
sondern jene die ausweichen.“*

Marie von Ebner Eschenbach

Ich habe tatsächlich Freunde, die Konflikte lieben. Sie suchen die Auseinandersetzung, weil sie gern diskutieren.

In meinem kleinen Introvertier-Kopf aber war Streit stets mit Trennung verknüpft, weshalb ich Angst vor Auseinandersetzungen hatte und sie als etwas Bedrohliches und Schlechtes ansah.

Allein bin ich damit nicht. Viele Introvertier(t)e streiten ungern, vielleicht weil Konflikte oft laut, wortgewaltig und energiezehrend sind und die Harmonie des Hauses stören können.

Durch meine Erfahrungen der letzten Jahre bin ich jedoch zu der Erkenntnis gelangt, dass der Weg der ewigen (und zwanghaften) Harmonie kein guter ist. Beziehungen brauchen Auseinandersetzungen, um sich weiterzuentwickeln und wer allen Ärger herunterschluckt, droht irgendwann zu platzen. So wird auch Therapeuten beigebracht, dass sie die Entwicklung ihrer Klienten am besten fördern können, wenn sie ihnen in einer Mischung aus Akzeptanz und Konfrontation begegnen.

Ab und zu darf es knallen, nicht nur, um den Kopf zu lüften und angestaute Energie loszuwerden, sondern auch, um Grenzen zu ziehen und die eigenen Bedürfnisse zu kommunizieren. Allein das Ausformulieren von Argumenten kann reinigend und erhellend sein. Außerdem sollte man seinen Lieben in einem Streitgespräch die Chance geben, ihren Standpunkt vorzutragen, um den anderen besser verstehen zu lernen.

Wenn ich sage, dass Introvertier(t)e mehr streiten sollen, meine ich nicht, dass sie Kampfhähne werden oder jegliche Zurückhaltung über Bord werfen müssen. Es geht eher darum, weniger in sich hineinzufressen (weil ungesund) und Dinge gesittet auf den Tisch zu bringen, statt immer (sauer) zu allem Ja zu sagen.

Kleiner Streitleitfaden für harmoniebedürftige Introvertier(t)e

- **Schritt 1:** *Begreife Streit als Chance!*

Versuche, deine Einstellung zum Thema Streit zu verändern und bestehende Überzeugungen zu hinterfragen. Das heißt: Löse die Verknüpfung von „Streit = schlecht" und wandle sie in etwas Positives um. Denk daran: Auseinandersetzungen sind häufig eine Chance für Weiterentwicklung, Verbesserung, Perspektivwechsel und/oder Erkenntnisgewinn.

- **Schritt 2:** *Wappne dich!*

Was die Nervosität vor einem Konflikt mildert, ist eine gute Vorbereitung. Schreib die Chancen auf, die ein klärendes Gespräch bieten könnte, und male dir ruhig das Worst-Case-Szenario aus (ohne dann davor zurückzuschrecken). Du kannst Argumente auch zu Papier bringen bzw. diese innerlich durchgehen oder gleich mit einem vertrauten Menschen (oder der Therapeutin/Coachin) durchsprechen.

- **Schritt 3:** *Finde den richtigen Zeitpunkt!*

Sprich die Dinge zeitnah, aber nicht sofort an. Wenn du zu schnell losschießt, bist du vermutlich sehr emotional und/oder wütend und preschst

übers Ziel hinaus. Zu langes Warten führt hingegen dazu, dass sich viele Themen anstauen, die dein Gegenüber erschlagen können. Serviere das, was dich stört, lieber in kleinen Häppchen statt als 10-Gänge-Menü – das ist leichter verdaulich.

- **Schritt 4:** *Übe!*

Wage es, regelmäßig zu streiten, auch mit Menschen, die du vielleicht schon lange kennst und idealisierst. Je häufiger du ein Konfliktgespräch führst, desto leichter wird es dir fallen, den eigenen Standpunkt zu verbalisieren und Auseinandersetzungen als etwas Positives zu sehen, aus denen sich Erkenntnisse ableiten lassen.

Weiterhin finde ich die Tipps der Psychologinnen Stefanie Stahl und Kimberley Wilson hilfreich, die ich hier zusammenfasse:

- Bei einem Problemgespräch geht es nicht um Gewinnen/Verlieren/Über- oder Unterlegenheit.
- Das erste Gespräch ist das schwerste.
- Nur weil es sich um ein Konfliktgespräch handelt, musst du nicht als Drache auftreten. Behalte deine freundliche Art bei.
- Liste auf, welche negativen Emotionen dich erwarten, falls du das Gespräch scheust, und welche

Chancen sich eröffnen, wenn es zu einer Auseinandersetzung und eventuellen Klärung käme. Denke immer daran: Selbst wenn das Gespräch nicht nach deinen Wünschen verläuft, kannst du stolz auf dich sein. Damit hast du an deiner sozialen Kompetenz gearbeitet und der Beziehung eine Chance gegeben.

- Mache dir klar, dass wir uns die Dinge oft viel schlimmer ausmalen, als sie im Endeffekt sind.

- Denke darüber nach, ob deine Wahrnehmung des anderen wirklich gerechtfertigt ist oder vielleicht von persönlicher Verunsicherung / deinen Erfahrungen / deiner kindlichen Prägung eingefärbt ist. Wenn du dir nicht sicher bist, schildere deine Probleme einer dir nahstehenden Person und frage nach ihrer Meinung.

- Lege dir Argumente zurecht und denke auch über die Argumente deines Gegenübers nach.

- Nutze im Gespräch Formulierungen wie „meiner Empfindung nach" oder „ich empfinde".

- Scheue dich nicht vor Einsicht und gebe einfach mal zu: „Du hast recht." Einsicht ist eine Stärke, keine Schwäche.

- Versuche, das Gespräch von Angesicht zu Angesicht zu führen. Auch wenn dir das Schriftliche mehr liegt, können getippte/geschriebene Worte schnell fehlinterpretiert werden. Bevor es jedoch gar nicht zu einem Gespräch kommt, schreibe lieber einen Brief, statt den Kontakt zu meiden oder das Problem zu verschweigen.

Tief im Inneren wusste sie, wer sie war und dieser Mensch war klug und freundlich und oft sogar lustig. Aber irgendwie ging ihre Persönlichkeit immer verloren zwischen ihrem Herzen und ihrem Mund und so sagte sie oft etwas Falsches oder noch öfter gar nichts.

Julia Quinn

ÜBUNGSFELD 4: SMALLTALK

„Einfach reden ohne nachzudenken, wie geht das?"

Ach ja, der gute Small Talk. Fehlen dir ebenfalls oft Ideen, worüber du mit fremden Menschen reden sollst? Beim Flirten war ich schon immer ein verschrecktes Reh, das in Klubs und Bars Reißaus nahm, wenn Männer mit einem Drink vorbeitanzten und quatschen wollten. Sorry, keine Lust. Einmal wurde ich zum Speeddating gezwungen und hatte ganz müde Gehirnzellen danach.

Ich weiß, warum Introvertier(t)e keinen Small Talk mögen. Kommunikatives Flachwasser fühlt sich öde und ineffizient an. Denn: Aus „oberflächlichem Gelaber" entsteht in der Regel keine tiefe Verbundenheit. Dabei kann man auch Small Talk als Kunst sehen. Ein leicht verdauliches Gespräch zu führen, auch das ist hohes Können.

Wie beim Thema Streit durfte auch ich meine Einstellung gegenüber Small Talk ändern. Denn was das seichte Plaudern leistet, ist, dass es eine kommunikative Beziehungsebene schafft, die der Einstieg zu einer tieferen Verbindung sein kann. Außerdem muss nicht jedes Gespräch tiefschürfend und weltverändernd sein, genauso wie nicht jede Freundschaft alles leisten muss, was du dir im Bereich der zwischenmenschlichen Beziehung wünschst.

Vielleicht fällt Introvertier(t)en kein Thema für ein seichtes Gespräch ein, doch sie können zuhören, und das ist in der heutigen Zeit eine große Stärke. Menschen reden gern, denn das fördert die Dopaminausschüttung. Zuhören strengt viele eher an. Und da viele Menschen sehr gern von sich erzählen, haben selbst zurückhaltende Introvertier(t)e gute Karten: Sie müssen sich nicht verstellen, sondern nur dem Impuls widerstehen, zu flüchten. Wer Gespräche auf sich zukommen lässt, wird oft mit spannenden Menschen und neuen Erkenntnissen belohnt. – Gehen kannst du immer noch.

Wie ein Gespräch beginnen?

- Siehe Kapitel „Nonverbale Kommunikation"
- Lächle!
- Mache ein ehrliches, schönes Kompliment.
- Stelle eine offene Frage.
- Frag nach Rat (wenn er dich ehrlich interessiert).
- Schneide ein Thema an, das dich begeistert.
- Gib zu, wie du dich im Moment fühlst.

ÜBUNGSFELD 5: GUTE GESPRÄCHE FÜHREN

„Und dann durfte ich auf ihre Seele gucken."

Gute Gespräche brauchen Mut. Mut, sich verletzlich zu zeigen und andere mitzunehmen ins Innere, wo es oft nicht nur schön, sondern auch dunkel und chaotisch ist. Wer einen Menschen tief in seine Seele blicken lässt, wird auch Tiefe in Gesprächen kreieren können. Hierfür braucht es Vertrauen, das wachsen muss.

Mein Papa hat mal gesagt: „Verbundenheit kann nur entstehen, wenn man sich Zeit füreinander nimmt." Ich finde diese Aussage weise und absolut zutreffend.

Gerade, wer wenig Zeit hat, sollte in den raren Momenten mit seinen Menschen voll da sein und dem anderen seine ungeteilte Aufmerksamkeit schenken.

Sofern das Taktgefühl stimmt, kennen gute Gespräche kaum Tabus.

Eine Freundin sagte mal: „Über Geld/Geldsorgen/Altersvorsorge/Finanzen spricht man nicht, Geld hat man". Das sehe ich nicht so. Wieso sollte man vermeintlich unangenehme Themen totschweigen?

Natürlich musst du nicht jedem an deinem Innersten teilhaben lassen. Der Kommunikationspsychologe Friedemann Schulz von Thun schreibt, dass sich Kommunikation stimmig anfühlen solle und zitiert seine Kollegin Ruth Cohn, die von selektiver Authentizität spricht. Was heißt das?

Eben, dass die Situation und Beziehung sowie dein inneres Empfinden darüber entscheiden, welche Gesprächsthemen sich stimmig anfühlen und wie viel Ehrlichkeit in diesem Moment angebracht ist. Wenn Aufrichtigkeit verletzt, ist es vielleicht besser, zu schweigen.

Gerade vertraute Menschen wollen wissen, was dich beschäftigt. Der Speaker Leander Greiteman schreibt in seinem Buch „Unfog your mind“: „Es ist mitunter beinahe unfair, geschätzte Personen im Umfeld nicht in die eigene Gefühlswelt mitzunehmen.“ Ähnlich sieht es der Psychologe Lukas Kaschinksi in „Fühl dich ganz“: „Die eigene Verbundenheit mit den Gefühlen und der Mut, diese anderen mitzuteilen, sorgt am Ende für Intimität.“

Also weg mit der perfekten Maske und her mit Unsicherheiten, Sorgen und ehrlichen Gedanken. Und: Viel lesen und eigene Hirngespinste und Meinungen zu unterschiedlichen Themen entwickeln! Dadurch werden neue Perspektiven eröffnet, die auch die Gespräche mit Freunden und Familie verändern/vertiefen/verbessern.

ÜBUNGSFELD 6: ABSAGEN

„Sorry, ich brauche heute einfach Zeit, um allein an die Wand zu starren.“

Ich hatte mal eine Freundin, die mir ständig absagte. Dabei bekam ich das Gefühl, dass sie sich nur mit mir traf, wenn nichts Aufregenderes anstand. Das hat mich sehr verletzt. Letztlich verlor sie mein Zutrauen und das schuf einen Graben, den unsere Freundschaft nicht überwinden konnte.

Natürlich sage auch ich Menschen ab – sogar regelmäßig. Das liegt vor allem daran, dass meine Lust, Dinge zu planen, oft größer als mein sozialer Akku ist.

Grundsätzlich versteht jeder, dass im Alltag neben Arbeit, Haushalt, Beziehung und Kind manchmal die Energie für ein Treffen oder die Verabredung zum Sport fehlt.

Absagen nerven nur, wenn sie sich ständig wiederholen, einem ein ungutes Gefühl geben oder so spät kommen, dass man bereits auf einem gekochten Essen sitzen bleibt und nichts anderes mehr planen kann.

Daher würde ich beim Thema Absagen ein paar Punkte berücksichtigen:

- Vermeide Absagen auf den letzten Drücker.
- Ruf an oder schicke zumindest eine Sprachnachricht.
- Sei so ehrlich, wie es geht, und so schonend wie nötig. Es ist okay, zu sagen: „Hey, ich brauche einfach diesen Abend, um meine Akkus zu laden, und werde auch nichts Spektakuläres machen, außer essen und an die Decke starren." Im Notfall darf es auch mal eine Notlüge sein.
- Spinne kein kompliziertes Ausreden-Netz, sonst verhedderst du dich darin.
- Vielleicht kannst du Menschen, die durch eine harte Zeit gehen, wenigstens per Videocall Beistand und Ablenkung schenken?
- Biete nur einen Ersatztermin an, wenn du diesen auch wirklich einhalten kannst.

„Begeistere dich selbst, dann begeisterst du auch andere."

Ich kenne viele Introvertier(t)e, die im Angesicht von Vorträgen am liebsten in ein Mauseloch verschwinden würden. Ebenso gibt es Menschen, die eine regelrechte Redehemmung entwickeln. Auch hier helfen Übung und Routine.

Außerdem muss man gut **für sich sorgen und kreativ werden, um die Stresshormone im Zaum** zu halten.

Wie du Vorträge meistern kannst:

- **Begeistere zuallererst dich selbst:** Introvertier(t)e können andere Menschen mit ihrer Begeisterung anstecken, wenn sie über Themen sprechen, die sie selbst interessieren. Fokussiere dich daher auf die Aspekte, die du am spannendsten findest. Gibt es einen persönlichen Bezug oder Einstieg, mit dem du die Leute fesseln könntest?
- **Werde kreativ:** Nutze deine Kreativität und bereite ansprechende Slides vor, z. B. mit Bildern und Videos, Buchtipps etc.

- **Sei gut vorbereitet:** Sprich deinen Vortrag mehrere Male laut vor dich hin und trage ihn einer dir lieben Person vor, die dir ehrliches Feedback gibt. Überlege auch, welche Fragen das Publikum haben könnte. Mach dir Notizen, aber versuche, möglichst frei zu sprechen.

- **Such dir professionelle Hilfe:** Es gibt ausgebildete Coaches, die dir helfen können, Ängste zu überwinden und Stresssituationen souverän zu meistern.

- **Setz die Dinge ins Verhältnis:** Selbst wenn du einen Blackout hast oder mit rotem Kopf zu stottern beginnst: Mach dir klar, dass das Schlimmste, was dir passieren kann, kein Weltuntergang ist.

- **Minimiere den Stress:** Plane vor der Präsentation genug Zeit ein, um dich mit den Räumlichkeiten und der Technik vertraut zu machen. Nichts ist schlimmer, als abgehetzt zu einem Termin zu kommen, der dich eh stresst.

- **Komm mit vollem Akku:** Tanke am Tag vor dem Vortrag deine sozialen Akkus an einem Kraftort auf. Gehe, bevor es losgeht, eine Runde um den Block und atme bewusst durch, schüttle den Körper aus, hüpf ein paar Mal auf und ab und trink einen Schluck Wasser (und geh aufs Klo!). Und: Zieh dir etwas an, worin du dich wohlfühlst!

- **Lass alles da sein, was ist:** Nimm alle Gefühle

wahr, ohne sie verdrängen zu wollen. Akzeptiere, dass sie da sind, und bedanke dich dafür, dass sie dich (z. B. im Falle von Angst) schützen wollen. Versuche dann, diesen Gedanken wie ein Kind auf dem Spielplatz zu beobachten: zugewandt, mit einem Lächeln und etwas Distanz. Sie dürfen ruhig toben.

- **Steh zu dem, was du fühlst:** Du musst deine Nervosität nicht verheimlichen, denn jeder kennt dieses Gefühl. Sprich lieber aus, wie es dir geht. Und denk immer daran: Die ersten fünf Minuten geht es wie von allein.

- **Achte auf deine Körpersprache:** Versuche, aufrecht und zugewandt über die Bühne zu gehen, das Gesagte durch passende Gesten zu unterstreichen und ab und an zu lächeln. Bewege dich, aber tigere nicht herum wie ein eingesperrtes Wildtier.

- **Suche den Austausch und Blickkontakt:** Guck dir an, wer da vor dir sitzt. Halte keinen stundenlangen Monolog, sondern beziehe das Publikum mit ein. Du kannst zum Beispiel Fragen stellen: Was sind eure Erfahrungen?

- **Platziere einen Rettungsanker:** Setze eine dir vertraute Person in die erste Reihe, die dich bestärkend anguckt, nickt, lächelt.

- **Lass dich nicht entmutigen:** Es wird sicher Menschen im Publikum geben, die gähnen oder aufs Handy gucken – so ist das heute. Du machst das super! Sei stolz auf dich!

Wenn du eine ausgeprägte Redehemmung hast, kann es sein, dass dir meine Tipps nicht helfen. Häufig stecken hinter großen Ängsten Verletzungen aus der Kindheit, die im Unterbewusstsein schlummern.

Zögere in diesem Fall nicht professionelle Hilfe von einem (Sprach)Coach, Therapeuten oder Heilpraktiker in Anspruch zu nehmen.

ÜBUNGSFELD 8: SoCIALIZING

„Wenn du gesellige Veranstaltungen so gern hast, wie Zahnarztbesuche, bist du wahrscheinlich introvertiert."

Socializing ist neben der Kommunikation eine weitere Fähigkeit, die Introvertier(t)e üben dürfen.

Für alle, die gar nicht wissen, was damit gemeint ist: Laut Duden handelt es sich beim Socializing um die (berufliche) Kontaktpflege im Rahmen von geselligen Treffen und Veranstaltungen. Urg!

Als Journalistin bin ich oft auf Kongressen und anderen Veranstaltungen mit vielen Menschen unterwegs, um Kontakte zu knüpfen. Fürchterlich! Dieser ganze Trubel! Das „Komm, sag doch da mal Hallo!" oder das „Sprich ihn doch gern nach seinem Vortrag mal unverbindlich an …" – die reine Qual.

Weder mag ich es, noch liegt es mir. Im Angesicht von Networking-Events schreit mein Inneres nach Mauseloch und Regenerationsnische.

Ich glaube, den wenigsten Introvertier(t)en liegt das Socializing im Blut, auch wenn sie nicht unbedingt schüchtern sind. Doch manchmal hilft es alles nichts. Gesellige Runden gehören zu vielen Jobs dazu und deswegen gilt: Raus aus der Komfortzone, denn: „Wat mut, dat mut!"

Folgende Dos and Don'ts helfen mir, berufliche Zusammenkünfte in geselliger Runde zu überstehen:

Dos:

- **Akkuladezeiten einplanen:** Trubel, viele Menschen und unterschiedliche Reize stressen das introvertierte Dachstübchen. Stress macht dünnhäutig und unfreundlich – und dafür gibt es selten Sympathiepunkte. Versuche, zu beruflichen Veranstaltungen mit geladenen Akkus zu kommen, und laufe zwischendurch mal eine Runde um den Block, zum nächsten Café oder einfach weg von der Masse, um danach wieder netter wirken zu können.
- **Vor- und Nachbereitung:** Da Introvertier(t)e oft länger brauchen, um einen klaren Gedanken zu fassen, und von Natur aus eher zurückhaltend sind, ist die Vorbereitung vor einem beruflichen Event besonders wichtig. Insbesondere wenn du jemanden ansprechen sollst, würde ich nicht unvorbereitet ins kalte Wasser springen. In der Nachbereitung kommen häufig die besten Ideen. Oft lohnt es sich, neue Kontakte zeitnah nochmals per E-Mail anzuschreiben.

- **Üben, üben, üben:** Wie in so vielen Dingen gilt wieder der olle Spruch: „Übung macht den Meister." Auch das Auf-Leute-Zugehen ist nur eine Fähigkeit. Sie verbessert sich, wenn du regelmäßig übst und feststellst: Geht doch!

- **Nach jedem Strohhalm greifen:** Gibt es z. B. Kollegen/Freunde, die dich an die Hand nehmen und vorstellen können?

- **Nicht zu lange zögern:** Falls du auf jemanden zugehen „musst", bring es schnell hinter dich. Je länger du wartest und verloren herumschleichst, desto nervöser wirst du.

- **Die eigenen Stärken ausleben:** Denk noch mal darüber nach, was dir im Umgang mit Menschen (z. B. deinen Liebsten) leichtfällt. Nutze für den Gesprächseinstig eine Frage, verteile Lob oder bitte um Hilfe. Alles, wenn möglich, ehrlich gemeint. Wenn du den Namen deines Gegenübers kennst, schafft das eine Verbindung.

- **Mit emotionaler Intelligenz punkten:** Punkte mit Soft Skills: Empathie, höfliches und taktvolles Auftreten, Menschlichkeit (s. u.). Lass einfach das Introvertier raus!

- **Ehrlichkeit leben:** Auch hier gilt: Warum nicht sagen, dass man nervös ist? Unsicherheiten sind menschlich und machen sympathisch.

- **Kontrollverluste akzeptieren:** „Es ist auch mal o. k., etwas Blödes zu sagen", schreibt die Unternehmerin Tijen Onaran in ihrem Buch „Nur wer sichtbar ist, findet auch statt". Bringe den Mut auf, zu Missgeschicken und Makeln zu stehen. Die Angst vor der Verurteilung ist nur Futter für die Zurückhaltung. Weg damit!

- **Am eigenen Mindset arbeiten:** Statt permanent zu denken „Ich fühle mich unwohl, ich will nach Hause, was denken andere über mich?", versuche, einfach mal ganz bewusst zu denken: „Das hier ist nett, nachher nehme ich ein Bad oder gehe mit dem Hund, ich bin interessiert und freundlich." Und: „Vielleicht lerne ich hier spannende Themen und Leute kennen, die mich inspirieren." Außerdem gibt es garantiert auch andere Introvertier(t)e, die sich ähnlich unsicher und unwohl fühlen.

- **Immer an die eigene Körperhaltung und nonverbale Kommunikation denken:** Aufrechte Haltung, offener Blick, Ellenbogen weg vom Bauch. Und: Mundwinkel nach oben!

Don´ts:

- Permanent aufs Handy starren
- Sich Lockerheit und Mut antrinken
- Krampfhaft extravertiert-locker wirken wollen
- Aus Unsicherheit plaudern und plaudern und plaudern – und womöglich Dinge ausplaudern
- Auswendig gelerntes Wissen aufsagen; versuchen, immer unglaublich ausgefallene Fragen zu stellen; angelesene Methoden am Menschen ausprobieren
- Gesprächspartner stehen lassen, sobald ein anderer, interessanterer Kontakt erscheint
- Dauerabgelenkt sein

„Being around people too much without recharging is my least favorite thing to do.“

Teil 4

Zehn Learnings
aus fünf Jahren
mit dem Introvertier

Fünf Jahre sind vergangen, seit ich „Still" gelesen und damit das Introvertier bewusst in mein Leben gelassen habe. Der erste und zweite Teil des Buches, das du in den Händen hältst, sind danach schnell aufs Papier geflossen, doch der dritte wollte nicht so recht rund werden.

Dazwischen ist dann das passiert, was man wohl Leben nennt.

Heute stehen mein Introvertier und ich an einem ganz anderen Punkt (und sogar in einem anderen Bundesland) als zu Beginn dieses Buches – zum Glück!
Auf unserer Reise sind wir auf die Nase gefallen, in Krisen gerutscht und haben uns wieder aufgerappelt.

Dabei durfte ich so vieles lernen, das ich nun in Form meiner zehn größten Learnings konservieren und für andere Introvertier(t)e zugänglich machen möchte.

„Life is just a lot of everyday adventures."

LEARNING 1: LEBE EIN LEBEN, DAS DEINER PERSÖNLICHKEIT ENTSPRICHT.

„Wer dauerhaft auf der Überholspur unterwegs ist, wird irgendwann seine Gesundheit abhängen."

In den letzten zehn Jahren sind mein Introvertier und ich neunmal umgezogen und haben in sechs Bundesländern gewohnt. Uff.

Wie anstrengend das ganze Pendeln und dauerhafte Zu-Besuch-Sein, das Kofferpacken und Umziehen, aber auch die Lautstärke der Stadt sowie die fehlenden Rückzugsmöglichkeiten waren, bemerkte ich über lange Zeit nicht.

Mein extrovertierter Lebensstil fraß nicht nur nach und nach all mein Geld, sondern auch meine Energiereserven auf. Nach sieben Jahren bekam ich die Quittung für einen Alltag, der nicht zu meiner Persönlichkeit passte: Panikattacken klopften an meine Tür. Es fühlte sich an, als hätte ein finaler Tropfen das Fass nicht zum Überlaufen gebracht, sondern auf einen Schlag geleert.

Fortan saßen Ängste auf meinem Schoß und kannten keinerlei Distanz. Zum Totalcrash kam es, als sie auch noch ihren Kumpel, die Depression, einluden. Dieses düstere

Duo flutete meinen Alltag und trug jegliche Normalität davon.

Ich wurde drei Monate lang krankgeschrieben. In dieser Zeit blieb ich in Berlin bei meiner Familie, verbrachte viel Zeit mit meinem Hund und packte kein einziges Mal den Koffer.

Mit der Hilfe einer Therapeutin begann ich zu verstehen, dass ich meine introvertierten Grundbedürfnisse nach Ruhe und Beständigkeit, Natur und Rückzug sowie die Warnsignale meines Körpers (Kopfweh, Magenschmerzen, Schlafstörungen) knallhart ignoriert hatte und dadurch krank geworden war.

Ich war so lange über Grenzen hinweg marschiert, bis mein Körper keine andere Möglichkeit mehr sah, als die Notbremse zu ziehen und mich frontal gegen die Wand krachen zu lassen.

Obwohl mir diese Zeit einen großen Schreck einjagte und ich sofort wusste, dass ich etwas ändern musste, dauerte es noch eine Weile, bis ich meine Pendler-Gewohnheiten aufgeben konnte und mein Leben zwischen drei Städten beendete.

Zunächst musste ich den Ursprung meiner inneren Getriebenheit ergründen. Warum konnte ich nicht zur Ruhe kommen? Dabei entdeckte ich, dass mir die Gedanken, welche mich in Stille überfielen, unheimlich waren. Durch das Pendeln hatte ich mich von dem drücken können, was längst überfällig war: Die Arbeit an meinen inneren Themen.

Nach dieser mentalen Talfahrt und im Angesicht einer zersprungenen Psyche, die nur mit viel Geduld wieder zusammengeleimt werden konnte, kratzte ich all meinen Mut zusammen und ließ große Veränderungen zu: weniger Arbeit, kein Pendeln und keine Fernbeziehung mehr, ebenso zog ich aus meiner Stadtwohnung. Mit dem Umzug zu meinem Freund ist viel mehr Ruhe eingekehrt – im Innen, im Außen und auch dazwischen. Mein Introvertier kann wieder atmen und ich hoffe, dass ich in Zukunft früher merke, wenn uns die Luft ausgeht.

Wie sieht es mit deinem Leben aus? Entspricht es deiner Persönlichkeit?

Was andere Introvertier(t)e aus diesem Learning ziehen können:

- Du bist der Gestalter deines Lebens und darfst allein bestimmen, wie du leben möchtest.
- Es bringt nichts, bei dem Versuch auszubrennen, alles, was dir lieb ist, beieinander-halten zu wollen. Die richtigen Menschen lieben dich auch, wenn du nur einmal im Jahr vorbeikommst, oder kommen selbst zu Besuch.

- Dauergeselligkeit, Daueraktionismus, Dauerlärm – all das sind mentale Stressoren fürs Introvertier, die auf Dauer krank machen können.

- Gerade in Zeiten der Veränderung (oder im Falle häufiger Umzüge oder ständiger Reisen/Pendelei) brauchen Introvertiere Konstanten und Stabilisatoren.

- Es gibt nichts Wichtigeres als einen Rückzugsort, an dem das Introvertier zur Ruhe und zu Atem kommen kann.

- Auch wenn du dauerhaft auf der Überholspur unterwegs bist, wirst du deine Probleme nicht abhängen können. Es ist allerdings möglich, dass deine Gesundheit auf der Strecke bleibt.

Fragen zur Selbstreflexion:

- Wie gestaltest du deinen Alltag?
- An welchem Ort lädt dein (sozialer) Akku und wie regelmäßig suchst du ihn auf?
- Hast du einen speziellen Kraftort?
- Gibt es innere Glaubenssätze, die dich über Grenzen treiben?
- Kümmerst du dich um deine inneren Themen?
- Kennst du die Bedürfnisse deines Introvertiers und handelst nach ihnen?

LEARNING 2: SCHAU NUR, WAS FÜR EIN BUNTER HUND DU BIST!

„Für die richtigen Menschen bist du immer bunt genug."

„Du bist langweilig."

Wie lange saß dieser kleine Teufel in meinem Kopf und gab mir das Gefühl, nicht genug zu sein. Stattdessen zeichnete er ein Bild, dem ich entsprechen wollte – bei jedem, den ich traf.

Ich wollte meiner Heimat Berlin entsprechend hip wirken, viele coole Menschen um mich scharen und jeden Raum mit Licht erfüllen. Ich wollte gefallen und unterhalten, egal wem und egal wen. Dafür versuchte ich mir ein gelb-pinkes Glitzerkostüm überzustülpen, obwohl das zu mir passende Persönlichkeitsgewand eher moosgrün und schlicht ist.

Es war anstrengend, die eigenen Wochenenden auszuschmücken und bunter zu zeichnen, nur um nicht als langweilig abgestempelt zu werden.

Es kostete Kraft, einem Bild nachzueifern, das fernab der eigenen Wohlfühlatmosphäre und Talente lag, immer begleitet von der Sorge, dabei aufzufliegen und für komisch gehalten zu werden.

Das Gefühl in meinem Kopf und den Knoten in meinem Herzen, der mir auf schmerzhafte Weise befahl, aufregender sein zu müssen, um geliebt zu werden, habe ich erst mit zunehmendem Alter, meiner Therapeutin und der Geburt meines Sohnes lösen können.

Inzwischen ist mir klar, dass ich…

… keinem von extern gemalten Bild entsprechen und nicht orange-lila-glitzer sein muss, um zu gefallen.

… alles andere als graumäusig und langweilig bin.

… das Zeug habe, Menschen ein gutes Gefühl zu geben und zu begeistern, aber eben auf meine moosgrüne Art.

… selbst bestimme, was/wer mein Leben bunt macht.

… geliebt werde.

… BUNT GENUG BIN!

Nein, ich bin kein hippes Großstadtmädchen mit riesigem Freundeskreis und einem Charme, der alle zum Schmelzen bringt. Nein, ich wickle nicht jeden um den Finger und meine Wochenenden gleichen auch nicht einem Zusammenschnitt der Kulturtipps eines Hochglanzmagazins.

Ich fühle mich wohl in der Kleinstadt mit drei schönen Cafés und zwei Restaurants. Ich liebe einen Freitag, der nur mir gehört. Ich sitze häufiger allein im Café als zusammen mit Menschen und fühle mich gar nicht komisch dabei.

Mit vollgetankten Akkus kann ich sehr charmant und einnehmend sein, doch ich habe nicht immer Lust dazu.

Trotzdem bin ich ein bunter Hund!

Eiferst Du vielleicht auch einem Bild nach, das andere für dich kreiert haben?

Was andere Introvertier(t)e aus diesem Learning ziehen können:

- Kein Mensch denkt je so viel über dich nach, wie du über dich nachdenkst.
- Den richtigen Menschen erhellst du den Tag genau so, wie du bist.
- Du musst niemandem etwas beweisen, außer deinem Introvertier (also dir!).
- Investiere deine Energie in dich und die Dinge, die dich glücklich machen, statt in Wunschvorstellungen, die andere von dir oder in dir kreiert haben.
- Zweifle nicht so viel.

- Glaubenssätze sind verdammt hartnäckig. Sie werden immer mal wieder dein Verhalten steuern und das Bild beeinflussen, das du von dir hast. Lass sie da sein, aber schenke ihnen nicht so viel Macht über dich.

Fragen zur Selbstreflexion:

- Verstellst du dich manchmal, um zu gefallen oder schmückst dein Leben aus, um zu beeindrucken?
- Stammt die Wunschvorstellung, welche du von dir hast, aus deiner Feder oder auch von Menschen aus deinem Umfeld?
- Wie sieht ein ideales Wochenende für dich aus?
- In wessen Gesellschaft magst du dich am liebsten?

LEARNING 3: DEIN KÖRPER WEISS, WO'S LANGGEHT.

„Der weiseste Berater im Leben ist der eigene Körper."

Mein Körper war schon immer schlauer als mein Kopf. Selbst als mein Hirn noch davon überzeugt war, irgendein Bild faken zu müssen, wusste der Bauch schon längst: „Ach Lisa, das ist 'ne Schnapsidee!"

Wenn ich über lange Zeit in Gruppen unterwegs bin und keine Rückzugsmöglichkeit habe, beginnt mein Inneres zu rebellieren und schreit nach Zucker.

Es ist, als hoffe mein Introvertier darauf, das schwindende Energielevel meines sozialen Akkus mit Süßigkeiten wieder auftanken zu können. Es wird dann zum emotionalen Esser.

Körperliche Symptome wurden zu meinen Wegbegleitern, als ich dauerhaft auf Achse war. In dieser Zeit hatte ich häufig Kopfschmerzen, Magen-Darm-Probleme und Schwierigkeiten, ein- sowie durchzuschlafen. Auch meine Ängste und Depressionen haben sich stark körperlich mitgeteilt: mit Herzrasen, innerer Unruhe, schweren Armen und Prickeln in den Handgelenken.

Damals hatte ich das Gefühl, aus dem Nichts zu erkranken, doch in der Rückschau wurde mir klar, dass mein Körper sich schon früh bemerkbar gemacht hatte. Während ich stolz darauf war, wie gut ich Menschen beobachten und ihnen zuhören konnte, war ich in Bezug auf meine innere Stimme taub.

Auch hier war mir meine mentale Krise ein Lehrmeister und ich habe ein sehr gutes Gefühl dafür entwickelt, wann mein Körper Erholung benötigt. Seither arbeite ich weniger und ruhe mich mehr aus.

Heute weiß ich, dass mein Körper verdammt clever ist, und ich bin dankbar für seine Feinfühligkeit und Güte sowie sein Bestreben, mich aus meinem Daueraktionismus zu befreien. Er ist mein Freund und Berater, hat mir einen wunderschönen Sohn geschenkt. Gemeinsam sind wir gewachsen, über uns hinaus.

Ich weiß heute, dass ich ihm besser zuhören muss, auch wenn es unbequem ist.

Mein Bauchgehirn merkt früher als ich, was zu tun und vor allem was zu lassen ist. Aus diesem Grund höre ich nun täglich in mich hinein. Was brauche ich, was braucht mein Körper? Was hat meine Intuition für eine Idee?

Um meinem Berater in Sachen Selbstfürsorge Danke zu sagen, gehe ich jeden Tag in die Natur und höre meinem weiblichen Zyklus zu. Neben regelmäßiger Bewegung gönne ich mir Phasen der Ruhe, Massagen, Spa-Besuche.

Verstehst du die Sprache deines Körpers? Hörst du zu, wenn er zu dir spricht?

Was andere Introvertier(t)e aus diesem Learning ziehen können:

- Dein Körper weiß, wo's langgeht. Er ist dein Freund, ein Teamplayer, der gehört und gut behandelt werden will. Übrigens schon, wenn er flüstert, nicht erst, wenn er schreit.
- Es ist nicht normal, ständig Bauchweh, Kopfschmerzen oder Schlafstörungen zu haben. Was steckt dahinter? Kümmere dich darum.
- Lerne, wie dein Körper dir unterschiedliche Gefühle kommuniziert.
- Lass dich von deinem Bauchgehirn beraten.
- Sei gut zu deinem Körper und sag Danke. Mit nahrhaftem Essen, bewusster Atmung, Besuchen in der Natur, Bewegung, wertigen Textilien.

Fragen zur Selbstreflexion:

- Wie ist die Beziehung zu deinem Körper? Behandelst du ihn wie einen guten Freund?
- Wie reagiert dein Körper auf mentalen Stress?
- Merkst du, wenn sich dein Bauchgehirn meldet und lässt du dich von ihm beraten?
- Was tust du, um deinem Körper Danke zu sagen?

LEARNING 4: SEI MUTIG(ER).

„Introvertier(t)e brauchen häufiger einen Mutausbruch!"

Wenn ich auf die letzten fünf Jahre mit meinem Introvertier zurückblicke, fällt mir auf, dass die besten Entwicklungen in meinem Leben auf zwei Dinge zurückzuführen sind:

1. Ich hörte auf mein Bauchgehirn.

2. Ich traf mutige Entscheidungen.

Ohne Mut gäbe es heute nichts von dem, was mich aus- und glücklich macht: meinen Hund, meinen Job, meine innere Ruhe, meine Partnerschaft, mein zuhause fernab von zuhause, meine (inzwischen wieder intakte) mentale Gesundheit, meinen Sohn sowie viele kreative Projekte, die ich gerade nach und nach anpacke, um Menschen zu mehr Zufriedenheit zu verhelfen.

Mut ist eine Eigenschaft, die vor allem meine Freunde in mir sahen.

Ich selbst fand mich nie besonders mutig, sondern ärgerte mich oft über meine Angst vor der Veränderung und über meine innere Unsicherheit, die mich vor dem Ausprobieren neuer Dinge abhielt. Dies zeigt, dass wir unser Selbstbild regelmäßig hinterfragen und uns noch viel mehr zutrauen dürfen. Heute verstehe ich, was meine Freunde meinten, wenn sie mich als mutig bezeichneten.

Denn tatsächlich hatte ich den Mut, im Ausland zu leben und einen Beruf zu wählen, der nicht meiner Ausbildung entsprach.

Ich hatte den Mut, mich für eine Beziehung zu entscheiden, die mich weit weg von meinen Wurzeln führte.

Ich hatte den Mut, immer wieder Neues zu probieren und darauf zu vertrauen, dass ich mich würde auffangen können.

Ich hatte den Mut, in eine Tagesklinik zu gehen, als meine psychische Gesundheit einem Scherbenhaufen glich, und ich entschied mich für eine Schwangerschaft, obwohl sie Dämonen durch meinen Kopf spuken ließ.

Wer mutig ist, wird belohnt, nicht immer mit Erfolg, aber auf alle Fälle mit wertvollen Learnings. Mir scheint, als spanne das Universum in diesen Fällen ein Spannbettlaken auf. Wer sich etwas traut, fällt nicht, sondern wird aufgefangen und in eine neue Entwicklungsstufe katapultiert.

Wann hattest du das letzte Mal einen Mutausbruch?

Was andere Introvertier(t)e aus diesem Learning ziehen können:

- Probiere immer wieder neue Dinge aus! Sei neugierig, bleib hungrig.
- Du musst nicht allein mutig sein. Große Entscheidungen brauchen oft gute Wegbegleiter, die dich (unter)stützen.
- Kombiniere Mut und Intuition.
- Vertraue deinen Entscheidungen.
- Habe den Mut, dich verletzlich zu zeigen, Masken abzunehmen und alle Gefühle zuzulassen.

Fragen zur Selbstreflexion:

- Welche Erfahrungen haben dich am meisten geprägt?
- Weißt du, wie du auf andere wirkst und welche Fähigkeiten andere in dir sehen?
- Was würdest du tun, wenn du keine Angst hättest?
- Lässt du dich von der Liebe leiten?
- Wer lässt dich größer träumen?
- Was wurzelt dich?

LEARNING 5: LASS LOCKER.

„Das Leben ist zu kurz, um es dauerhaft mit angezogenen Zügeln zu verbringen."

Disziplin ist eine Stärke, mit der ich mich immer gern geschmückt habe.

In Zeiten meiner Essstörung nutzte ich sie, um zu hungern, im Medizinstudium fürs Bulimie-Lernen. Wenn ich mir vornahm, mehr Sport zu treiben, tat ich das. Nie habe ich finanziell über meine Verhältnisse gelebt.

In ihrer Biografie beschreibt Introvertier Gisele Bündchen Ähnliches: Ohne Disziplin wäre sie nicht den Weg gegangen, den sie als Supermodel gegangen ist. Pünktlich sein, stets freundlich auftreten, durchziehen, egal was kommt – all das war nur mit Disziplin zu schaffen.

Disziplin wird im Allgemeinen als Stärke deklariert, doch ich sehe sie inzwischen kritisch: So hat die ausgeprägte Selbstbeherrschung meines Introvertiers dazu geführt, dass ich mir schöne Dinge versagt und freudige Momente der Leichtigkeit verpasst habe.

Ich habe mich selbst gedisst mit meinem Unvermögen, einfach mal locker zu lassen.

Großzügig war ich nur gegenüber anderen.

Heute versuche ich, bewusst meine vermeintliche Stärke, die Disziplin, zu schwächen. So zerstreue ich die vielen Kontrollgedanken, welche mich bremsen und meinen Kopf dauerbeschäftigt halten. Außerdem arbeite ich daran, milder mit mir selbst zu sein und auch großzügiger. Ich versuche, liebevolle Worte zu finden, wenn ich zu mir spreche, und mir immer wieder stolz auf die Schulter zu klopfen. Zudem belohne ich mich regelmäßig, was tatsächlich besser funktioniert, seit ich Mama bin.

Ein Vorbild in Sachen Großzügigkeit ist im Übrigen meine eigene Mama. Ihr Motto „Gönne dir jeden Monat einen kleinen Luxus" versuche auch ich zu verinnerlichen.

Es kostet mich nach wie vor viel Mühe, aus meiner disziplinierten Haut zu schlüpfen, die zwar mit den Jahren nachgiebiger geworden ist, aber trotzdem noch eng sitzt. Für mein Introvertier ist es richtig Arbeit, die Zügel aus der Hand gleiten zu lassen, über die Stränge zu schlagen und einfach zu sein.

„Kannst du los – und lockerlassen?"

Was andere Introvertier(t)e aus diesem Learning ziehen können:

- Du hast nur ein Leben und ich bin mir sicher, dass du es nicht mit dauerhaft angezogenen Zügeln verbringen möchtest.
- Vermeintliche Stärken können auch Schwächen sein und Schwächen Stärken.
- Die Fähigkeit, locker zu lassen, hat viel mit Selbstvertrauen zu tun: So kann ich mir finanziell mehr gönnen, wenn ich das Vertrauen in mich habe, dass ich immer wieder neues Geld verdienen werde.
- Versage dir niemals ein soziales Miteinander, weil du „keine Kalorien mehr offen" oder „noch dieses Projekt zu beenden" hast.
- Gehe wertschätzend mit deiner sowie der Zeit anderer Menschen um. In diesen Fällen ist Disziplin (und damit die Fähigkeit, pünktlich zu sein) wertvoll.
- Lebe dein Leben nicht nach Zielen, sondern nach Werten.

Fragen zur Selbstreflektion:

- Bist du gut darin, einfach mal zu sein, ganz ohne Kopfkino? In welchen Situationen und mit wem klappt das?
- Erlaubst du dir Fülle?
- Wie sprichst du mit dir?
- Kennst du deine Fähigkeiten und vertraust du ihnen?
- Nach welchen Werten möchtest du leben?

Wie lockerlassen?

- Üben. Einfach machen. Mit einem Gefühl der Leichtigkeit belohnt werden.
- Am Selbstvertrauen arbeiten. Im besten Fall bist du irgendwann dein eigenes Sicherheitsnetz, das dich immer auffangen wird. Mach dir regelmäßig klar, welche Fähigkeiten du hast und baue sie immer weiter aus.
- Gönnen. Baue jeden Monat einen kleinen Luxus in deinen Alltag ein.
- Bewusst über die Stränge schlagen. Brich bewusst aus deinen vernünftigen Gewohnheiten aus. Geh zum Beispiel schön essen und achte mal nicht auf

Kalorien oder den Preis oder lade deine Freunde unter der Woche auf mehr als ein Glas Wein ein. Du wirst merken, wie gut sich das anfühlt und das es keine negativen Folgen hat.

- Achte auf dein Umfeld. Umgib dich mit Menschen, die dem Leben vertrauen und denen es leichtfällt, locker zu lassen.

- Folge der Freude. Tue mehr Dinge, die Freude bringen und den Kopf entspannen.

- Lass dich inspirieren. Beobachte Tiere und Kinder und lass sich von ihrer Sorglosigkeit anstecken.

LEARNING 6: WEG MIT DEM SCHWÄCHEN-ZOOM.

„Der Wunsch nach ewiger Perfektion bringt wenig, außer graues Haar."

Ich sehe immer wieder, dass Frauen sich selbst gegenüber die strengsten Richter sind. Es ist, als würden wir mit einer Lupe auf unsere Makel blicken. Und während wir bei der Auflistung unserer Schwächen einen langen Atem haben, geht uns bei der Nennung der Stärken die Puste aus. Auch ich kenne dieses Vergrößerungsglas, das Pickel zur dreifachen Größe heranwachsen lässt und den Po zu einem Elefantenhintern aufbläst. Ich fühle mich oft nicht kompetent genug, schäme mich bei Fehlern und empfinde Wut, wenn ich hinter meinen Ansprüchen zurückgeblieben bin.

Allerdings habe ich verstanden, dass dieser Schwächen-Zoom sowie der Wunsch nach Perfektion wenig bringen, außer schlechten Gedanken, Neid und grauem Haar. Noch nie hat jemand eine Lösung herbeigemeckert oder Großes geleistet, während er sich gleichzeitig kleinredete. Aus Interviews mit Tierärzten in Leitungspositionen weiß ich, dass Frauen in Bewerbungsgesprächen bei der Schilderung ihrer Fähigkeiten meist untertreiben, während Männer gut darin sind, dick aufzutragen. Genauso beobachte ich bei Müttern, dass sie sich oft auf die Schwächen ihrer Kinder fokussieren, statt die Stärken zu stärken.

„Wie kann ich lernen, mehr wie ein Mann zu denken?", fragte letztens eine Frau im Publikum einer Comedy-Show, die ich besuchte. Ich konnte ihren Wunsch verstehen. Auch ich würde gern damit aufhören, den Grund für schlechte Stimmung stets bei mir zu suchen, und nach einem Streit einfach einschlafen können. Nun wird aus einem weiblichen Gehirn schwerlich ein männliches und aus einem introvertierten auch kein extrovertiertes.

Ich glaube jedoch, dass sich introvertierte Frauen sowohl von Männern als auch von Extrovertierten Scheiben ab-schneiden dürfen. So habe ich von meinem Freund gelernt, mehr für mich einzustehen und Dinge auf mich zukommen zu lassen, und von meinen extrovertierten Freundinnen, wie man den Mund aufmacht.

In Bezug auf den Schwächen-Zoom kann ich nur sagen: Ein gesunder Selbstwert sowie innere Zufriedenheit bringen den inneren Kritiker zum Schweigen. Super Neben-effekt: Wer sich und sein Leben mag, hat automatisch eine gute Ausstrahlung.

Was andere Introvertier(t)e aus diesem Learning ziehen können:

- Es ist schwierig, groß zu träumen, wenn man klein von sich denkt.
- Wer sich immer nur beschwert, be-schwert sich selbst: Akzeptiere deine Makel und Schwächen und verändere, was du verändern kannst.
- Perfektionismus bremst Schaffenskraft.
- Erlaube dir alles, was deinen Selbstwert und deine innere Zufriedenheit erhöht.
- Nimm dir ruhig mal ein Vorbild an Menschen, die kein Problem damit haben, dick aufzutragen.

Fragen zur Selbstreflexion:

- Wer ist dein Vorbild in Sachen Größer-Denken, wer bestärkt dich in deinem Selbstwert?
- Was magst du an dir?
- Was erhöht deine innere Zufriedenheit?
- Welche deiner Stärken möchtest du stärken?
- Zu welchem deiner Makel möchtest du in Zukunft stehen?

LEARNING 7: FINDE BALANCE.

*„Beim Versuch, mein Leben auszubalancieren,
verlor ich oft das Gleichgewicht."*

Eines meiner großen Themen der letzten Jahre war es,
mein Leben auszubalancieren. Ich versuchte, die richtige
Mischung aus Geselligkeit und Alleinsein, Disziplin und
Lässigkeit, Rückzug und Reizen, Ruhe und Aktionismus
zu finden.

Vom Kommunikationspsychologen Schulz von Thun
lernte ich, dass ein Wert bzw. ein Persönlichkeitsmerkmal
nur dann konstruktiv ist, wenn er bzw. es in Balance zu
einem Gegenwert steht. In seinem Buch „Miteinander
reden" führt er aus, dass in jeder Eigenschaft eines Menschen auch ein Gegenpol schlummert. Erstrebenswert ist,
dass sich die gegensätzlichen Pole in einer dynamischen
Balance befinden.

Ich interpretiere: Ein Introvertier, das von Natur aus
gern allein ist, wird zufriedener sein, wenn es sich auch
dem weniger ausgeprägten Gegenpol, der Geselligkeit,
widmet. Schlägt das Pendel hingegen übermäßig in eine
Richtung aus, kann das die innere Balance stören. Dies
war in Zeiten meiner Fernbeziehungen und des tatsäch-
lichen Pendelns der Fall: Dem ständigen Auf-Achse-Sein

fehlte seine Schwesterntugend, die Ruhe. Dieser dauerhafte Krafteinsatz ließ meine Energie schwinden.

Generell habe ich gelernt, dass Extreme für mich nicht funktionieren, auch wenn sie erst einmal verlockend klingen. Ich weiß inzwischen, dass Wochenenden ohne Pläne in Langeweile und schlechter Laune enden, der Totalverzicht auf Schokolade zu Heißhunger führt und Konzentration ohne Nichtstun schwierig wird.

Vielmehr geht es darum, die eigene Mitte zu finden, wieder und wieder. Denn: Das Leben wird uns immer wieder aus der Bahn werfen.

Eine weitere Erkenntnis auf der Suche nach mehr Balance war, dass ich nicht jeden Tag und jeden Monat gleich funktionieren muss, sondern meinem weiblichen Zyklus und den Jahreszeiten folgen darf. Im Winter brauche ich zum Beispiel mehr Ruhe, mehr Schlaf, mehr Rückzug und Gemütlichkeit. Ich muss mich dann nicht zu Verabredungen zwingen und darf mir noch mehr Zeit zu Hause gönnen.

Die Kunst für Introvertier(t)e ist, sich in den richtigen Momenten in den Hintern zu treten und dann wieder den Druck rauszunehmen.

In welchen Lebensbereichen musst du dir einen Schups geben und wo darfst du Entspannung reinbringen?

Was andere Introvertier(t)e aus diesem Learning ziehen können:

- Das Leben verläuft in Gegensätzen: Wo schwarz ist, da ist auch weiß, wo Ruhe ist, ist auch Sturm, und wo es Glücksmomente gibt, da sind auch Krisen.
- Introvertier(t)e neigen dazu, in bestimmten Lebensbereichen zu zurückhaltend zu sein und in anderen übers Ziel hinauszuschießen. Du kannst reflektieren, welche Bereiche das jeweils für dich sind.
- Es ist normal, nicht immer gleich viel Power zu haben.
- Wenn du innere Ruhe verspürst, spricht das dafür, dass dein Leben gut ausbalanciert ist.

Fragen zur Selbstreflexion:

- Neigst du in deiner Persönlichkeit und Lebensführung zu Extremen? Wie kannst du erreichen, dass das Pendel in der Mitte bleibt?
- Was tust du, wenn das Leben dich aus der Balance wirft?
- Folgen auf Zeiten allein auch Zeiten in Gesellschaft?
- Erlaubst du dir regelmäßige Zeiten der Ruhe?

LEARNING 8: ERLAUBE DIR MEHR.

„Manchmal ist es gesund, die eigene Bescheidenheit über Bord zu werfen."

In meinem Leben war ich immer stolz auf meine Genügsamkeit und darauf, wenig angewiesen zu sein auf andere.

Ich fand es cool, geringe Ansprüche zu haben, und war bestrebt, für viele Dinge keine Unterstützung zu benötigen.

Meinen Gegenpol brachte unser Sohn in mein Leben: Warum zurückhaltend sein, wenn man nach MEHR schreien kann?

Jeden Morgen setzt sich der Wicht(el) im Bett auf, sieht sich um und zeigt auf etwas, um dann „Mama, mehr!" zu rufen. Das Gleiche am Essenstisch: Die Hamsterbacken bis zum Anschlag gefüllt, sieht er auf den anderen Tellern nach und sagt: „MEHR!" Wenn er etwas Leckeres isst, grinst er und kommentiert: „Mmh. Lecker!"

Dieser Wicht(el) möchte ...

... MEHR Genuss

... MEHR ausprobieren

... MEHR erleben

… MEHR haben

… MEHR lachen

… MEHR Trubel.

Ich finde seine Einstellung inspirierend für alle Introvertier(t)e, die, wie ich, zu häufig bescheiden, zurückhaltend und diszipliniert sind.

Denn warum immer genügsam sein?

Warum dürfen wir nicht, genau wie der Wicht(el), MEHR vom Leben wollen und seine süßen Seiten MEHR auskosten? Warum dürfen wir nicht mehr Lebensfreude, mehr Abenteuer, mehr Liebe, mehr Würze wollen? Genießen, mal faul und zufrieden sein?

Heute wünsche ich mir, dass ich mir schon früher mehr erlaubt hätte: mehr Fehler, alle Macken und mangelnde Perfektion.

Ich wünschte, ich hätte mir erlaubt, früher Grenzen zu setzen und für meine Bedürfnisse einzustehen.

Ich wünschte, ich hätte mir erlaubt, größer zu denken und hätte mir selbst den Rücken gestärkt.

Ich wünschte, ich hätte häufiger die Kontrolle verloren und lockergelassen.

Ich wünschte, ich wäre geduldiger und großzügiger gewesen, vor allem mit mir selbst.

Was Introvertier(t)e brauchen, ist mehr Selbsterlaubnis.

Kinder zeigen uns, dass die kleinen Dinge für große Begeisterung sorgen können – ein leckeres Stück Obst, die Lichtspiele bei Sonnenschein oder das Beobachten von Krabbeltieren im Garten.

Trotzdem ist es o. k., MEHR zu wollen, Bedürfnisse einzufordern und Hilfe anzunehmen. Es ist o. k., auf sich aufmerksam zu machen und dabei auch mal laut zu werden.

Wovon wir **MEHR** wollen:

- Gelassenheit und Lässigkeit
- Authentizität
- Inspirierende Begegnungen und tiefe Gespräche
- Zeit in den Bergen
- Mut und erste Male
- Momente innerer Zufriedenheit
- Genuss
- Vertrauen in die Zukunft
- Übernachtungen in der Natur
- Schlaf
- Gute Energie

- Kleine Momente großer Begeisterung
- Kreativpausen
- Langeweile
- Picknicks im Freien
- Marmeladenglasmomente als Familie
- Selbstvertrauen
- Liebe

Wovon willst du mehr?

Was andere Introvertier(t)e aus diesem Learning ziehen können:

- Wir haben nur ein Leben – Zeit, aus den Vollen zu schöpfen.
- Nimm dir ein Vorbild an Kindern und Tieren und steh für deine Bedürfnisse ein.
- Die beste Voraussetzung, um mehr zu wollen, ist Zufriedenheit mit dem, was du bereits hast. Es ist wichtig, auch die kleinen Dinge zu schätzen und stets dankbar zu sein.
- Es heißt Geben UND Nehmen. Du darfst auch nehmen!
- Introvertier(t)e dürfen sich jederzeit neu erfinden und aus ihrer zurückhaltenden und stillen Art ausbrechen, sofern es sich gut anfühlt.

Fragen zur Selbstreflexion:

- In welchen Lebensbereichen hältst du dich (zu) stark zurück?
- Was hält dich davon ab, MEHR zu wollen?
- Kannst du Komplimente annehmen und Hilfe akzeptieren?
- Stehst du für deine Bedürfnisse ein?
- Was kannst du noch von Kindern lernen?

LEARNING 9: ACHTE AUF DEINE ENERGIE.

„Alles im Leben ist Energie.“

Das Kennenlernen des Introvertiers hat viele positive Dinge angestoßen, aber eines ganz besonders: Ich wurde noch neugieriger – nicht nur mir selbst gegenüber, sondern auch für alternative Denkansätze und Weltanschauungen. Ich streckte meine Antennen zu allen Seiten aus und kam unter anderem mit der Spiritualität in Kontakt.

Was mir an der spirituellen Lebensanschauung gefällt (und sich in mir sehr stimmig anfühlt), ist der Gedanke, dass alles Energie ist und wir das, was wir (an Energie) aussenden, auch anziehen.

Gerade für mein Introvertier, das begrenzte soziale Kapazitäten hat, war es wichtig, zu überprüfen, mit welcher Energie ich mich tagtäglich umgebe. Noch entscheidender wurde das, als mein Sohn auf die Welt kam, mein altes Leben seine Tasche packte und die Zeit der Ruhe auf ein Staubkorn zusammenschrumpfte. Ich habe schlichtweg keinen Raum mehr für Energievampire und möchte meinen Sohn so gut wie möglich positiven Energien aussetzen.

Somit kam alles einmal auf den Prüfstand – Lebensgewohnheiten, Umfeld, Freundschaften, Gedanken.

Was schenkt Energie, was raubt sie? Wer fühlt sich an wie eine Energietankstelle, wer saugt sie eher aus?

Dann habe ich mein Leben ähnlich einem Kleiderschrank geöffnet, entrümpelt und das Räucherstäbchen geschwungen, um negative Energien zu vertreiben. Die Türen blieben offen, damit neue, positive Energien in mein Leben fließen können.

Auf der anderen Seite habe ich darüber nachgedacht, womit ich meine Energie und die meines Umfeldes erhöhen kann, und bin zu dem Schluss gekommen, dass ich mich dafür ganz oben auf meine Prioritätenliste setzen darf. Denn nur, wenn ich aufgetankt und zufrieden bin, habe ich Kapazität für andere und kann ihnen eine Energietankstelle sein. Mit positiver Energie meine ich im Übrigen nicht „good vibes only". Vielmehr braucht es die Bereitschaft, aus dem bunten Potpourri von Emotionen auch die weniger schönen Exemplare anzunehmen.

Wer neben Freude und Euphorie auch Wut und Erschöpfung zulässt, kann nach schwierigen Phasen mit wenig Kraft und geringer Energie zu alter Power zurückfinden.

Niemand kann in einer rosa Blase des Dauerglücks durchs Leben schweben. Wichtiger ist, in herausfordernden Zeiten besonders darauf zu achten, dass man sich mit guten Energien umgibt und die Menschen festhält, die einen halten können, wenn man es selbst nicht kann.

Was andere Introvertier(t)e aus diesem Learning ziehen können:

- Alles im Leben ist Energie.
- Mach dich selbst zur Priorität: Erlaube dir im Alltag zwischen Arbeit, Kindern und Partnerschaft Zeiten, die du nach deinen Vorstellungen gestalten darfst.
- Innere Zufriedenheit strahlt nach außen und zieht wiederum positive Energien an.
- Es tut gut, das eigene Umfeld regelmäßig von negativen Energien zu befreien – durch klärende Gespräche oder das Setzen von Grenzen.
- Achte in herausfordernden Zeiten besonders darauf, dass du dich mit stärkenden Menschen umgibst.

Fragen zur Selbstreflexion:

- Hast du einen Zugang zu Spiritualität?
- Im Hinblick auf dein Umfeld: Wer oder was fungiert als Energietankstelle, wer oder was ist Energievampir?
- Was empowert dich?

LEARNING 10: LERNE DICH IMMER BESSER KENNEN.

„Die spannendsten Reise, auf der ich je war, ist die zu mir selbst."

Ich den letzten fünf Jahren habe ich unheimlich viel Neues dazu und über mich gelernt – dem Introvertier sei Dank.

Es war, als hätte mich das Buch „Still" auf eine Entdeckungsreise geschickt und mir die Aufgabe erteilt, die Puzzleteile zu suchen, welche ein Gesamtbild meiner Persönlichkeit ergeben.

Ein großer Teil dieses Puzzles ist die Introversion, die vieles erklärt, doch nicht alles bestimmt. Nach Persönlichkeitstests bin ich zu 70 Prozent introvertiert und zu 30 Prozent extrovertiert und trage noch ganz viele weitere Eigenschaften in mir. Ein Meer unterschiedlicher Facetten, die ich mit Vergnügen erforsche.

Inzwischen kenne ich meine Prägungen und inneren Glaubenssätze sowie die daraus resultierenden Ängste und Verhaltensmuster. Ich kenne die größten Kontroversen meiner Persönlichkeitsstruktur, meine Wohlfühlumgebung und den Lebensstil, der zu mir passt. Ich kenne meine Stärken und Schwächen, meine Werte und Grenzen. Ich kenne meine körperlichen Warnsignale, meine emotionalen Trigger und Baustellen.

Es tut gut, mehr darüber zu wissen, wer ich bin, was ich kann und was ich will. Mein Selbstwert wächst und rankt immer höher.

Dank meines wissenshungrigen und vor Neugier strotzenden Introvertiers, das sich selten mit der Oberfläche einer Thematik zufriedengibt, tauche ich langsam immer tiefer in die Erforschung meiner Persönlichkeit und entdecke dabei vergrabene Schätze, aber auch Wrackteile. Neben den Tauchgängen ins Innere steige ich regelmäßig in einen Helikopter, um über meine Gedankengänge zu fliegen. Dieses „Rauszoomen" und Hinterfragen bestehender Denkmuster zeigt Überzeugungen auf, die es sich in meinem Kopf bequem gemacht haben. Sie zehren davon, dass ich sie nie wieder hinterfragte. So glaubte ich über Jahre, dass ich „einfach nicht praktisch veranlagt sei", merke aber inzwischen, dass das Quatsch ist.

Was sich schön anfühlt: Die Reise zu mir selbst bringt fortlaufende Erkenntnisse, endet jedoch nie. Ich darf ankommen, ohne den Stillstand akzeptieren zu müssen.

Inzwischen gibt es so viele Möglichkeiten, die eigene Persönlichkeit zu erforschen, sei es über Bücher oder Persönlichkeitsentwicklungsprogramme, über Social Media,

Therapie, Coachings, Gruppengespräche oder Onlinekurse. Ich würde mich freuen, wenn du ebenfalls auf Reisen gehst – zu dir selbst.

Jeder von uns ist ein individuelles Meisterwerk aus ganz vielen unterschiedlichen Puzzleteilen. Das Zusammensetzen des eigenen Persönlichkeitspuzzles erfordert Durchhaltevermögen, Kraft und Mut, wird jedoch belohnt – probiert es aus!

In meinem Fall fühlt es sich so an, als hätte mir jemand einen Rucksack von den Schultern genommen, den ich lange schleppen musste, und die Brille geputzt, durch die ich über Jahre nur verschwommen gesehen habe. Ohne Gepäck und mit klarer Sicht geht es leichter voran und ich kann endlich selbst gestalten, wie ich meinen Alltag, meine Arbeit und meine Beziehungen leben möchte.

Wie viele Teile deines Persönlichkeitspuzzles kennst du bereits?

Was andere Introvertier(t)e aus diesem Learning ziehen können:

- Wenn du weniger darüber nachdenkst, was andere von dir denken, hast du mehr Energie für dich selbst.
- Die Reise ins Innere der eigenen Persönlichkeit kostet nichts, sie macht doch sogar reicher.
- Begegne dir selbst mit Neugier.

- Je mehr du dich verstehst, desto leichter wird's.
- Deine Persönlichkeit steckt voller Gegensätze und Kontroversen. Spannend!

Fragen zur Selbstreflexion:

- Welches sind die größten Puzzleteile deiner Persönlichkeit?
- Aus dem dicken Strauß deiner Stärken sind welche die schönsten Blumen?
- Was macht für dich eine Wohlfühlumgebung aus?
- Welche Gegensätze gibt es in deiner Persönlichkeit?
- Gibt es Überzeugungen, die du hast, welche hinterfragt werden dürfen?
- Was triggert dich und was lernst du daraus?

Wie erlange ich mehr Klarheit (über mich selbst) – meine Liste:

- Durch bewusste und regelmäßige Selbstreflexion (z. B. via Journal)
- Durch ehrliche Gespräche und Auseinandersetzungen sowie gezieltes Nachfragen bei lieben Menschen
- Durch radikale Ehrlichkeit gegenüber dir selbst
- Durch die Balance aus Austausch und innerer Einkehr

- Durch regelmäßige Aufenthalte an Kraftorten und in der Natur
- Durchs Ausprobieren
- Durch (mentale) Krisen
- Durch Therapie
- Durchs Älterwerden und Kinderkriegen
- Durch das Lesen von Büchern

DANKSAGUNG

Zu allererst möchte ich meinem Introvertier danken. Entschuldige, dass es über 30 Jahre gedauert hat, bis ich dir das erste Mal bewusst den Pelz gekrault habe. Du bist großartig und das Leben mit dir macht Spaß!

Dann bedanke ich mich bei meinem wunderbaren introvertierten Freund, der so viel mit sich selbst und seiner kleinen Familie anfangen kann, bei meinem wunderbaren Wicht(el), der mich tiefer denn je lieben lässt, und bei Fari. Ohne dich, Stinktier, wären die letzten Jahre viel weniger schön gewesen.

Außerdem danke ich meiner Familie für den ewigen Rückhalt und den lieben Menschen, die dem Introvertier weniger Energie stehlen als schenken.

Zu guter Letzt, Danke an Mona – sie hat dieses Buch mit viel Liebe lektoriert und mir dabei verraten, dass ebenfalls ein Introvertier in ihr steckt.

UND: Danke an Euch ihr lieben Leser und liebste Grüße von Introvertier zu Introvertier 😊.

Schaut gerne mal beim @intro.ver.tier auf Instagram vorbei.

ÜBER DIE AUTORIN

Lisa-Marie Petersen ist Tierärztin, Fachredakteurin und Autorin. Sie schreibt seit über zehn Jahren für Fachzeitschriften und digtial.

Die Berlinerin lebt mit ihrer Familie in der Nähe von Stuttgart.

QUELLEN:

Stefanie Stahl: So bin ich eben

Madeleine Darya Alizadeh: Starkes, weiches Herz

Kimberly Wilson: How to build a healthy brain

Friedemann Schulz von Thun: Miteinander reden

Karin Kuschik: 50 Sätze, die das Leben leichter machen

Gisele Bündchen: Lessons, mein Weg zu einem sinn-erfüllten Leben

Tijen Onaran: Nur wer sichtbar ist, findet auch statt

Lukas Kaschinski: Fühl dich ganz

Leander Greitemann: Unfog your mind